隐形领导力

少毅 ◎ 著

不带团队，你也不用一个人干

民主与建设出版社

· 北京 ·

© 民主与建设出版社，2023

图书在版编目（CIP）数据

隐形领导力：不带团队，你也不用一个人干 / 少毅著 . — 北京：民主与建设出版社，2020.4（2023.12 重印）
ISBN 978-7-5139-2954-7

Ⅰ . ①隐… Ⅱ . ①少… Ⅲ . ①组织管理学 Ⅳ . ① C936

中国版本图书馆 CIP 数据核字（2020）第 040008 号

隐形领导力：不带团队，你也不用一个人干
YINXING LINGDAOLI BU DAI TUANDUI NI YE BUYONG YIGEREN GAN

著　　者	少　毅
责任编辑	程　旭　周　艺
封面设计	创研设
出版发行	民主与建设出版社有限责任公司
电　　话	（010）59417747　59419778
地　　址	北京市海淀区西三环中路 10 号望海楼 E 座 7 层
邮　　编	100142
印　　刷	天津旭非印刷有限公司
版　　次	2020 年 4 月第 1 版
印　　次	2023 年 12 月第 4 次印刷
开　　本	880 毫米 ×1230 毫米　1/32
印　　张	8
字　　数	150 千字
书　　号	ISBN 978-7-5139-2954-7
定　　价	46.80 元

注：如有印、装质量问题，请与出版社联系。

序言
你缺的不是努力，是一点隐形领导力

什么是领导力？自己埋头苦干，叫努力；把身边的人、事、物，为自己所用，叫领导力。

很多人以为领导力就是领导下属的能力，其实领导力是帮助你调动更多资源，用更轻松高效的方式，解决人生难题的能力。

如果你取得了60分的成绩，却付出了100分的努力，那么你的领导力就让人堪忧，有限的时间和精力会成为你最大的阻碍，接下来的路会越走越窄；如果你取得了100分的成绩，却只付出了60分的努力，那么你的领导力还不错，你还可以调动更多的资源，接下来的路会越走越宽。

这几年，无论是从自身的成长历程，还是从其他人的职场发展困境中，我都越来越感受到领导力的重要性。一直以来我们都太过强调个人的努力，而忽略了对资源整合的能力。

我们在工作中埋头做好自己眼前的事情是不够的，要想获得领导的支持和同事的配合，只有尽可能调动更多的资源，才能轻松高效地完成工作。

本书共分为八个章节。第一章讲的是领导力的内涵，为什么要领导别人以及怎样领导别人。在这一章中主要讲述职场中个人贡献者和组织贡献者两种不同的角色，它们的工作方式完全不同。个人贡献者能不断提升自己的技能，学会管理自己的时间；组织贡献者则能够拆分目标、分配任务、激励同事，学会管理别人的时间，获得领导他人的底层逻辑。

我们凭什么领导别人呢？这是第二章和第三章的内容。也许你还是基层员工，觉得自己人微言轻，那么我们就要从小事开始做起，先胜任自己的岗位，然后超越自己。也许你不习惯麻烦别人，还不具备影响他人的能力，那我们就从积累自己的信用资产开始构建影响力。

我们到底该领导谁呢？当然是身边的同事和自己的领导！这是第四章和第五章的内容。同事和领导都是我们的资源，我们要学会把领导当成自己的教练用起来，主动出击，用好领导的三大资源：权威、经验、人脉。

怎样调动更多的人，帮助我们做成更大的事情呢？这是第六章和第七章的内容。领导别人是一门技术，如何做决策、如何下达指令、如何管控过程、如何激励人心、如何面对内部的冲突，这些问题都是我们必然会遇到的。

说了这么多如何领导别人的事，我们真的就能够升职加薪做领导吗？当然可以。第八章中，我将告诉大家，每一个优秀的职场人都必然走向管理岗位。我们可以提升组织能见度，主动争取升职加薪，让组织为我们所用，这才是我们最终的目的。

本书的每一篇文章都聚焦于你所关心的痛点问题，都有让你感同身受的鲜活故事，都有让你感到认知颠覆的观点，都会提供切实的解决方案，相信你会感受到我的用心和诚意。

最后，分享一句我常对学员们说的话：学习的目的不是为了获得，而是为了改变。我相信，如果你愿意在工作中试一试本书所讲的内容，你的工作将会变得更加轻松和高效。

我是少毅，如果这本书的内容对你有所启发和帮助，将是我最大的成就。

期待在个人发展学会遇到你。

是为序。

少毅

2019年10月7日 北京

目 录
Contents

01
向前一步：学会领导力，收获影响力

不是主管，就只能被动接受现状？ _ 003

敢于站出来的人就是领导 _ 009

领导力是影响力，而不是权力 _ 015

◇ 隐形领导力：不带团队，你也不用一个人干

02
目标管理：优秀的管理者都是分解任务的高手

靠谱，就是用完成小任务证明自己 _ 023

懂别人需要什么，别人才会配合你 _ 029

把人带出来，你才能升上去 _ 036

走出完美主义的"三八定律" _ 042

别让"猴子"跳回背上 _ 049

03
闭环思维：行为可预测，威信会更高

在关键节点做沟通，一句顶一万句 _ 059

超预期交付，就是永远比说到的多走一步 _ 066

学会给你的信任账户充值 _ 072

走出舞台思维，在重复中建立信任 _ 078

积累关系货币，放大自己的声音 _ 085

04

深度协同：正确地与同事共享资源

善于用非正式沟通求助，收获好关系 _ 093

皮格马利翁效应：你从别人那里期望什么，就会得到什么 _ 099

打造自己的成就事件，让别人来"麻烦"你 _ 105

学会拒绝身边的负资源 _ 111

谨慎选择对手，因为你会越来越像他 _ 118

05

向上管理：善于请领导帮忙的人更受重视

用教练型领导为自己升值 _ 129

表明合作意愿，成为领导的自己人 _ 136

做好这三点，离职也能和领导做朋友 _ 143

遇见糟糕的领导，要不要忍？ _ 150

◇ 隐形领导力：不带团队，你也不用一个人干

06
利益结合部：如何带一群人完成比难更难的任务

找到和领导的利益结合部 _ 159

联盟：让一部分同事成为你的终身好友 _ 166

有意义感，才有参与感 _ 171

精准沟通，就是精准执行 _ 177

没有正确的人，只有正确的位置 _ 184

07
精细化管理：抓好关键动作，才能带出高效能团队

做决策的水平，就是做领导的水平 _ 191

不同的阶段，不同的带法 _ 198

做领导的七字箴言：抓大、放小、管七寸 _ 205

08
团队赋能：你不是一个人在战斗

提升个人在组织中的能见度，实现隐性晋升 _ 219

提现信用资产，释放影响力 _ 226

顺势而为，才能趁势而起 _ 232

后 记

01

向前一步：
学会领导力，收获影响力

◇

隐形领导力：
不带团队，
你也不用一个人干

01 向前一步：学会领导力，收获影响力

不是主管，就只能被动接受现状？

我的一个学生毕业后如愿进入了联想集团，成为一名管理培训生，刚入职不久便在微信上向我求助，现在他要写一个项目方案，但不知道该怎么写。

我感到很诧异，对他说："这个方案该怎么写，你难道不应该去问身边写过的同事，或者给你布置这个任务的领导，为什么要问一个完全不了解这个项目的人呢？"

他不好意思地回答说："老是问同事和领导，不就显得我能力不行吗？我要向他们证明自己的能力，所以要自己做。"

我告诉他：其实，在工作中，重要的是拿出让大家满意的方案，至于过程怎么完成，当然是怎么高效怎么做。千万不要陷入一个人只有不借助别人的力量，通过自己的努力完成任务，才能在领导面前证明自己的能力的思维陷阱。

后来，这个学生带着自己的问题主动请教身边的同事，并拿着方案初稿去请示领导，很快就拿出了让大家满意的方案。

我见过太多的职场人，在工作中很努力，但是并没有取得太大的成绩，原因其实很简单：他们只是在调动自己，让自己投入时间和精力去做事，却不会调动别人帮助自己去做事。简单来说，就是缺乏领导别人的能力。

苹果公司创始人乔布斯就是一个非常擅长"麻烦"别人、让别人为自己所用的人。他在读高中的时候，想做一台频率计数器，正好需要一些惠普公司制造的零件，于是他在电话簿上找到了惠普CEO的电话，打电话找对方直接要这些零件。结果，惠普CEO被他的钻研精神和热情所打动，不仅给了他零件，还为他提供了一个在惠普公司实习的机会。

什么是领导别人？我们很多人对领导别人有着深深的误解，以为领导者就是当官——成为上级，做老板。

著名的商学院教授詹姆斯·克劳森在《权力与领导》一书中强调：领导是管理自己和他人的能力。换言之，领导就是积极主动地去整合一切可以利用的资源，对我们之外的人、事、物施以积极的影响，让它们为我们共同的目标服务。

01　向前一步：学会领导力，收获影响力

其实，人人都可以是领导者。有一次，我在北京的一所商学院演讲，有一个学员说："我对领导别人不感兴趣，该怎么办？"当时我直接反问他："你对达成自己的目标感兴趣吗？"

只要你有自己的目标，你就不可避免地需要借助别人的力量，这时你就需要领导别人。

如果你是学生，你想提升成绩，你就要向成绩好的学生讨教学习方法，需要获得老师的指导和建议，这个时候就要去领导同学和老师。

如果你是一位母亲，你想照顾好孩子，不仅要向过来人请教育儿经验，还要调动丈夫以及双方的父母配合自己照顾好孩子，这个时候就要去领导自己的家人。

如果你是职场人，工作中更是需要同事的配合，需要跨部门开展合作，需要领导的帮助，这个时候你就是领导者。

然而在现实生活中，我们其实都没有领导好别人，为什么？原因有三个：第一，这不是我的事情；第二，他们不会听我的；第三，不知道怎么领导别人。

对此，我来做一下分析：

第一，这不是我的事情。这是最可怕的一道坎儿，很多人在生活和工作中，不够积极主动，就是因为觉得这不是自

己的事。考大学是父母要求的事、养孩子是妻子该做的事、工作是领导安排的事，反正不是我的事。当我们自己都不想干的时候，又怎么会调动别人去帮我们干呢？

第二，他们不会听我的。我们去领导别人的时候，内心觉得就是命令人、使唤人，会觉得这是在给别人添麻烦，会不好意思。有时候，我们还会觉得自己人微言轻，别人凭什么听我们的呢？

第三，不知道怎么领导别人。我们很想去积极地领导别人，但是发现自己根本做不到。当我们说出自己的要求，发现别人充耳不闻；当我们让同事配合工作，发现对方搪塞拖延。这样的情况遇到几次，我们自然就放弃了。

以上三点就是我们不能很好地领导别人的原因。然而，暂时做不好一件事，绝对不是放弃这件事的理由。

事实上，一个人的成长，就是不断解决这三个问题的过程。

真正优秀的人，会承担起责任，把自己参与的每一件事都当作自己的事；会盯住目标，暂时忘记自己内心挫败的情绪，尽力协作，努力调动可用的资源；会思考该如何沟通、如何进行分工与协调，让大家高效地配合自己。

那些厉害的人，其实都是懂得领导别人的人。

01 向前一步：学会领导力，收获影响力

新东方的创始人俞敏洪老师，在总结自己创业的心得时，特别强调了他一直坚持的一个原则——主导原则。

主导原则是指在任何场合中，迅速抓住主动权，主动出击，积极调动大家去做事。俞敏洪说，他从小到大当过的唯一一次班干部，就是在高考复读班时被选为班长。

当上班长后，俞敏洪立刻做了一件事，身先士卒地带领全班同学打扫教室。当时班主任对他发起的这次大扫除赞赏有加，说他们班就需要一个愿意为大家服务的人当班长。同学们也从这件事中看出俞敏洪吃苦耐劳的品质，为大家奉献的精神。

俞敏洪说"主动出击，影响别人"非常重要，他还表示，抓住机会之后，你还要找一些伙伴，积极调动他们，让他们成为你的帮手。比如，他当年在班里把几个成绩好的同学组织起来，帮班里落后的同学共同进步。

后来，在创立新东方的时候，俞敏洪也是站出来先组建核心团队，然后再通过核心团队去招募周边有能力的人，一层层扩散，才有了新东方一批批优秀的老师，才有了今天新东方的成就。

俞敏洪所说的主导原则——主动出击，影响别人，其实就

是懂得领导别人。

　　以后当你对自己说,你已经"尽了全力"的时候,请再思考一下,你是不是只是尽了自己的体力?是否调动了身边你能借助的所有资源去帮助自己呢?如果没有,说明你还没尽全力。

　　这个时代,学会做一个调动资源的聪明领导者,是成功的必要条件。

01 向前一步：学会领导力，收获影响力 ◇

敢于站出来的人就是领导

人们常说，人多好办事。真的是这样吗？下面的场景相信你在工作中也遇到过：

主管着急出差，出发前要求部门下属拿出一个促销策划方案，指明让阿豪负责组织大家讨论一下，把确定好的方案发给他。于是甲、乙、丙、丁，加上阿豪，五个人一起开会，讨论促销活动该怎么做。

甲说："我觉得顾客可以购买1000元的商品，然后送100元的笔记本，我们确定一下笔记本的品牌吧。"

乙说："现在谁还用笔记本，要不送个鼠标吧！"

甲听完辩解说："笔记本有礼品的性质啊，还不贵，为什么要讲究实用？你懂鼠标吗？100元根本买不了好的鼠标。"

这时候丙说："1000元太高了，要不800元吧，也别送礼品了，就送100元的代金券吧。"

丁忍不住插话:"促销又不是只有送东西,100元就这么送出去,太可惜了,还要算上寄送的物流成本呢!"

丁的发言引起了甲、乙、丙的反击,纷纷说:"羊毛出在羊身上,促销不送东西,还能送什么?"

阿豪为此感到特别郁闷,一场会议讨论下来,大家几乎都吵了起来,最终不欢而散。最后,他只能自己一个人加班做方案,结果把写出来的方案发到群里后,同事们各种挑毛病,领导在群里看到大家根本达不成共识,也发了火,对阿豪很不满。阿豪觉得自己真是吃力不讨好,问我为什么会这样,他应该怎么办。

我对阿豪说,其实他的问题很简单,就是不会领导别人。阿豪听完后表示自己又不是主管,怎么领导平级的同事呢?我对他说,他并没有理解领导他人的意义所在。

任何一个集体,要想做成一件事,就需要有人站出来领导大家,否则资源就会被浪费,任务也会失败。然而这样的领导者在工作和生活中常常缺位,为什么呢?

领导者缺位的第一个原因,是因为旁观者效应的存在。

1964年,纽约的街头发生了一起凶杀案,凶手行凶的整个过程超过半个小时,有38个人目睹或者听见了这起谋杀

01 向前一步：学会领导力，收获影响力

案，但是没有人报警，也没有人干预。拉塔尼和达利两位社会心理学家被这桩凶杀案吸引了。他们提出了一个假设，之所以没有人伸出援手，原因恰恰在于旁观者很多，每个旁观者都觉得其他人会帮忙，所以自己就没有站出来。

这两位社会心理学家做了很多实验，验证了他们的假设，发现了旁观者效应——旁观者越多，每个人觉得自己的责任就越小，于是站出来解决问题的人就越少。

在组织当中，同样也有旁观者效应存在。一个集体难题涉及的人越多，每个人感受到的责任就越小，挺身而出的可能性就越小。

阿豪的同事们将讨论变成争论，就是因为其他同事都成了策划案的旁观者，没有人引导他们要为最终的策划案负责，于是他们就开始争论起来。

除了旁观者效应带来的责任感缺失，导致领导者缺位，还有一个类似的原因也会导致同样的结果。

进化心理学学者范福特有这样一个观点：我们天生都是追随者，人类进化而来的默认设置是追随，而不是领导。

有两个进化上的原因让我们选择了追随：

首先，追随者就是随大流，人越多越安全，有利于个体

在原始环境中生存下来。

其次,追随者通过模仿来学习,避免了试错过程中可能带来的危险代价。比如,看见猎物先冲上去的自然更危险,在后面跟着更安全。也就是说,集体中存在大量的追随者,他们需要被引导。

正是因为旁观者效应,所以很多人会忽略了自己的责任,并没有真正为集体解决问题。正是因为追随是大多数人的默认设置,所以大多数人都在等待其他人挺身而出。所以这个时候,我们就需要勇敢地站出来,成为大家的领导者,这样事情才能成功。

也许你认为工作中不是有上级吗?他们不就在领导我们吗?听领导的安排就好了。但是阿豪的例子已经回答了这个问题,领导不可能主导所有的事情。工作中只要有分工,就需要有领导者,如此我们就要学会领导别人,否则有责任心的就像阿豪一样,凡事只能自己干,把自己累到死。没责任心的就浑水摸鱼,白白耽误了自己的职业生涯。

那么,我们凭什么领导别人呢?

让我们来看一个震撼人心的营救故事,这个故事能够告诉我们,成为一个领导者都需要什么。

01 向前一步：学会领导力，收获影响力

故事发生在1972年，有一架飞机从乌拉圭飞往智利，因为天气恶劣，坠毁在了安第斯山脉中，坠毁地点在海拔4000米的雪山上，最近的人类踪迹在400千米以外，幸存的32人坚持了60天依然没有等到救援。这个时候，有一名叫南多的幸存者决定出发寻找救援，他说服了众人给他准备了一些食物，和另一个同伴同行。最终，两人走了整整十天，才走出雪山找到了救援。救援队立刻赶到坠机地点，救出了剩下的14人。

故事的主角就是南多，飞机上搭载的是一支大学生橄榄球队及其队员的亲友，南多并不是球队的队长，只是一名相貌普通，平时甚至有些害羞的大学生。但是他最终在危难时刻，成了领导者，创造了奇迹。

以下四点是南多成为领导者的主要原因：

1.有目标。在飞机失事的几天后，大家从收音机里听到消息，说救援者找不到他们，停止了救援。听到这个消息之后，大多数人都绝望了，失去了目标。但是，南多反而坚定了他要走出雪山的信念。

2.有信心。他相信，走出去才有一线希望，继续等待只能是死路一条。

3.有行动。南多下定决心之后,开始说服大家,鼓舞大家,让大家相信他的想法是可行的,组织大家做好准备工作,还请求身体状况好的人跟他一起同行。

4.做表率。他自己亲自上路,哪怕累死在路上也在所不惜。

有目标、有信心、有行动、做表率,让他成为团队的领导者,创造了世界空难史上,在如此极端环境下还能够生还十多人的奇迹。

在工作和生活中,每个人都可以做到这四点。找到符合大家共同利益的目标;制订可行的计划;相信目标可以达成;做好充分的准备,以身作则积极调动大家。

在电影《蜘蛛侠》里,养育蜘蛛侠长大的叔叔,在去世前留下了一句改变了蜘蛛侠的话:能力越大,责任越大。这应该是我们所有人的信——我们每一个人都有能力成为领导者,而且集体也需要这样的领导者,此时,我们必须有所担当,肩负起这个属于我们的责任。

01 向前一步：学会领导力，收获影响力 ◇

领导力是影响力，而不是权力

不知道曾经的你，是否和我一样有过类似的想法：

小学的时候，想着如果我是班主任，一定不让大家背课文。

中学的时候，想着如果我是校长，一定不让大家月考。

大学的时候，想着如果我是教育部部长，一定不让大家考英语四级。

这些天真的想法背后，隐藏着一个有趣的逻辑：当坐到某个位置上时，我们就有了权力，就能够决定很多事情。

很多人在工作中也有这样的逻辑：我之所以调动不了同事，就是因为我不是领导，等我成了主管或者总监，他们自然就会听我调遣了。那么，真的是这样的吗？

朋友莹莹的直属上级突然离职，她被安排暂时代行主管的职责，莹莹很想利用这次机会证明自己。

可是，没过几天，她就遇到了一件棘手的事情。行政部门的同事让她的部门出两个人配合去仓库清点库存，莹莹也没有多想，就在群里安排了两个同事去做，没想到那两个同事很不情愿，在群里说，这些不是他们的活，还冷嘲热讽，说莹莹没有主见，被人牵着鼻子走。莹莹不知道该在群里说些什么，一气之下就自己去把活儿干了，一个人加班弄到晚上十点多。

事后她觉得很委屈，也很气愤，想到自己在没有代行主管工作的时候，同事对她还很客气，肯定不会出现这种情况，怎么现在稍微要求一下他们，就有这么大的意见呢？

莹莹知道我对企业管理有研究，就找到我，问我她是不是应该去和大领导聊一聊。她觉得之所以出现这种情况，是因为她只是代行主管的职责，所以同事们才不听她的话，只要领导把她扶正，她就能指挥动这些同事了。

听完莹莹的诉苦，我笑着对她说："可不能去找领导让领导把你扶正。领导现在让你代理主管职责，就是想考察你的管理能力，如果你这个时候拿着这些小事向领导要权力，不就是向他证明，你不会领导别人，只会以权压人，他会放心让你做主管吗？"

莹莹似乎有所领悟，我接着说："你去的结果，只会加快领导尽快招聘一个新主管替代你，如果是这样，你就失去了

01 向前一步：学会领导力，收获影响力

这次难得的升职的机会。"

莹莹的问题出在她对管理的理解上，在她心里认为领导别人的能力是管理岗位带来的，当自己真正做了主管，他们自然就会服从了。

其实，很多职场人都有这样的想法：我担任了管理岗位，自然就能领导别人了。然而这个想法恰恰是我们无法升职的原因。

管理学大师彼得·德鲁克在《卓有成效的管理者》一书中强调：我们不能通过看一个人有没有下属来判断对方是不是管理者。那些能够对身边同事的工作方向、工作内容、工作质量及工作方法等施加积极影响的人，哪怕是基层员工，也是管理者。

能够领导别人的就是管理者，领导能力不是更高的岗位或者头衔赋予的，领导能力其实是一种积极影响他人的思维方式，是每一个人都能拥有的。

现实工作中也是这样，只有具备了领导能力，才能担任领导岗位；没有领导能力，即使担任了领导岗位，也做不安稳。我所管理的精英进阶班有一个学员佳佳，虽然是公司里的领导，可是她比自己的下属还忙，还累。因为不会管理，下属都不怎么喜欢

她,领导也不怎么信任她,她整天都是四处救火,疲于应付各种杂事。

我有一次调侃她:"你虽然工资是下属的一倍,但你的工作量却是下属的三倍。如果是这样,你做领导还有什么意义呢?"像佳佳这样的管理者其实不少。

所以,具备领导他人的能力才是核心。那么,我们就要理解,员工和领导者的区别到底是什么。

著名的管理咨询大师拉姆·查兰在《领导梯队》一书中提出了一个很好的概念——个人贡献者。拉姆·查兰将埋头自己的业务,专注提升个人业绩的基层员工叫作个人贡献者;将不仅埋头自己的业务还能够积极影响他人、为整个组织做贡献的人,叫作组织贡献者。

作为个人发展学会管理精英进阶班的总教官,我在第一课就将个人贡献者和组织贡献者进行了区分,如表1所示:

表1 个人贡献者和组织贡献者区分表

	个人贡献者(员工)	组织贡献者(领导者)
能力要求	执行力:按照组织要求完成任务	领导力:调动资源实现组织目标

续表

工作方式	训练技能和管理个人时间	拆分任务和管理他人时间
工作理念	提升个人能力完成任务	通过调动组织资源完成目标

个人贡献者和组织贡献者是两个完全不同的角色定位。

简单来说,个人贡献者是通过个人的努力,将个人的价值最大化。组织贡献者,是通过调动组织的资源,让团队的价值最大化。

个人贡献者最核心的能力是执行力。很多优秀的职场人最擅长的就是执行,对公司的要求、客户的需求,能够一个人埋头坚决执行,把手头的工作做好。

组织贡献者最核心的能力是领导力。他们能调动资源,调动同事、跨部门同事、领导等所有能用得上的资源,让团队的工作尽可能的清晰、简单、高效。

这两种角色的工作方式也完全不同,个人贡献者要不断提升自己的技能,学会管理自己的时间;组织贡献者要能够拆分目标、分配任务,激励同事,学会管理别人的时间。

所以,员工和领导者,他们的核心能力和工作方式是完全不同的。我们要做的就是从员工的思维中跳出来，学会像领导者一样思考和行动。

　　真正的领导者，其实是贡献者，只有能够为集体做出贡献的人，才能成为领导者。

　　而为集体做贡献的最佳方式就是积极承担责任，调动资源，帮助大家解决问题，成为有价值的组织贡献者。

02

目标管理：
优秀的管理者都是分解任务的高手

隐形领导力：
不带团队，
你也不用一个人干

靠谱，就是用完成小任务证明自己

常常听到有朋友说自己在工作中人微言轻，根本影响不了身边的同事，更不要谈领导他们了。

我们职业精英研修班有一位学员，有段时间几乎每天从早忙到晚，他仔细地分析了自己手里的工作，发现很多事情都是因为缺乏沟通，导致大家的努力效率很低。于是，他把自己的想法和建议写了下来，发给身边的同事和领导。

可是同事们只是说这段时间会忙一点，领导也只是表扬了一下他爱思考，还说有时间找他聊聊，结果就没有了下文，这位学员因此感到有些沮丧。

不知道你是否也有过这样的经历，看到了工作中的种种问题，也提出了自己的建议，但是同事和领导根本就不重视，这让你感到很受挫，自己的一股热情好像都被浇灭了，心想还是干好自己的事情算了。

暂且不论我们的建议是否正确和重要，我们怎样才能积极地影响他人，让我们的话更受重视呢？这个问题从根本上来说，是话语权的问题。很多人以为"话语权"中的"权"，是权力，但其实是权威。真正能够影响别人的，其实是我们在对方心中的权威感。

权威分为两种：专业权威和人格权威。

专业权威的核心体现在成就上。这个比较容易理解，一个人的成就越大，我们就会越相信他，越愿意听取他的经验。

很多人太过看重专业权威的价值，觉得自己得不到认可和机会，就是因为自己没有拿得出手的成就，以为只要有了成就，比如职位、名望，等等，就会具备影响力，既然现在还没有，那就只能等待，这是很多职场人都存在的错误认知。

我们虽然缺乏专业权威，但是我们可以通过提高人格权威来提升自己的话语权，打造影响力。

提高人格权威的根本在于行为方式。当我们能够长时间按照一套正确的行为方式去行动的时候，我们就会展现出人格权威，这其实是很多人即使默默无闻，但是最终能取得成功的原因。人们并不总是迷信权威，如果我们真的只迷信权威，那么就不会有新作家、新导演诞生了，因为机会早就都

02　目标管理：优秀的管理者都是分解任务的高手

给了那些功成名就的权威了。

人格权威是长时间按照一套靠谱的行为方式去行动所带来的，对我们来说，就是一直做好自己眼前的小事。

你可能也听过这样一件事情：一名刚入职华为的新员工，他充满了激情，非常努力地工作，还有一双观察入微的眼睛和一颗以天下为己任的心。在工作中，他发现了很多华为在管理和战略上的问题，对此忧心忡忡。于是，他非常认真负责地给华为创始人任正非写了一封"万言书"，谈自己对华为经营战略的看法和建议。

任正非十分"感动"，然后批复："此人如果有精神病，建议送医院治疗；如果没病，建议辞退。"我专门找在华为做高管的朋友证实过这件事，他说是真的，这个新人还是某名校毕业的研究生。

还有一个故事，朋友的公司在暑假招了一个实习生当电话客服，工作内容是专门接听用户反馈和处理客户问题。后来这个实习生在三个月实习期结束后，给朋友发了一份实习总结，里面包含了常见的客服问题清单、应对话术和解决流程，足足有上百页。朋友看到后立刻对这个实习生说："你毕业后直接来我们公司上班，正式入职，客服主管的位置就是你的，再给你配两个人。"

两个都是没有工作经验的新人，工作上没有什么拿得出手的成就，但为什么一个被开除，一个被重用呢？

简单来说，一个人明明没影响力，却要去影响自己遥不可及的事情；另一个人埋头做好自己眼前的事情，用能力来证明自己，最终收获了影响力。

建立人格权威最好的方法是坚持做好自己眼前的小事。把小事做好，能够带来信任的叠加，再加上时间的累积，就会让我们具备影响别人的人格权威。

可惜不少职场人常常看不上眼前的小事，觉得这些小事没意义，做好了也没有拿得出手的成就，所以就不愿意做或者做事的时候随便敷衍。结果必然导致我们没有权威感，在工作中自然就人微言轻，即使说的话再有道理，也没人听，没有影响力。

所以，做好眼前的小事，是积攒影响力并影响他人的第一步。

事实上，工作中坚持做好简单的小事，是绝大多数人脱颖而出的制胜秘诀。

举一个我自己的例子，我的第一份工作是《意林》杂志

02 目标管理：优秀的管理者都是分解任务的高手

的编辑，工作不久，得知集团即将打造在全国进行巡回演讲的明星讲师，我知道这是一次难得的机会，于是就报名了。当时还有另外几名同事也报了名，我们一起竞争这次机会。

领导给我们一个半月的时间准备演讲稿，让我们公开试讲进行竞争。在这一个半月的时间里，我疯狂地听各种演讲，一字一句地写自己的演讲稿，每天下班在公司楼道里反复练习，每周一有机会就找领导聊我的演讲稿，还在他的面前讲上一番。最后，我们根本没有试讲比拼，领导就直接把这次机会给了我。

当时公司做全国巡回演讲的目的，除了进校园打造"意林"品牌，还要帮助当地邮局提升杂志订阅量。几个月里，我帮助邮局工作人员梳理征订流程，在几个省至少提升了《意林》杂志12%的订阅量，于是领导就让我组建讲师团队。当时和我一起竞争的同事对我心服口服，而一些工作了几年的前辈也都成了我的下属。

我常常提醒一些职场人，当我们能力有限，没有取得足够亮眼的成绩的时候，我们可以做一朵"蘑菇"，蘑菇是在任何环境下都能生长的。我们常常会像一朵蘑菇一样，被同事和领导放到没人注意的角落，不受重视，甚至干些打杂、跑腿的事情，还会受到苛责，在"阴暗处"默默生长。但这是一个必然的过程，是我们提升能力、磨炼毅力的好机会。

在这样的前提下，我们更要做好眼前的小事并持之以恒，让同事和领导看到我们的态度和能力，慢慢积累自己的人格权威。等到合适的时间，我们就会拥有影响力，获得新的机会，最终脱颖而出！

02　目标管理：优秀的管理者都是分解任务的高手

懂别人需要什么，别人才会配合你

如果你的第一份工作是客服，你会去做吗？

我想大多数人都不愿意，因为客服的工作就是接电话，而且往往面对的是客户的投诉，每天满满的负能量，谁会喜欢这样的工作呢？

但是我认识一个朋友，他进入自己心仪的公司后，主动申请去干客服，而且干得非常出色。他之所以干客服，是因为客服是观察和学习的好职位，可以迅速了解公司的重要信息，可以请教所有相关部门的人。

而且还因为大家都不愿意干客服，所以在这个岗位上多用心一些，就更容易脱颖而出。

事实证明，这位朋友的选择是非常正确的。他工作不到三年，就当上了销售部副总经理。

很多人会抱怨说，自己干的就是些零碎工作，同事和领导根本就不会放在心上，怎么影响他们，获得更多的机会呢？

事实上，站在组织分工的角度，不同的岗位为组织创造的价值是不一样的。一家公司的仓库管理员和人力资源经理，他们的工作内容的重要性以及为公司创造的价值确实是不一样的，这个道理大家都明白。但是，可能就是因为太明白这个道理了，觉得我们只要做好岗位要求的事情就好，结果就把自己束缚在了自己的岗位上，成了一颗没有影响力的螺丝钉。

其实，我们完全可以在自己的岗位上施加更大的影响力，创造更大的价值。

我很敬佩的管理专家——北京大学管理学教授陈春花老师，曾讲过她在青岛某花园酒店遇到的事情：在一个冬日的清晨，她正要赶赴一个会议，但是自己的车突然无法启动，酒店的门卫看到后主动上前询问，看着陈教授打了几次火都不行，门卫说："您别着急，我让车队的维修师傅过来帮您看看。"

陈教授有些吃惊地说："这么早，这么冷，你能叫得动他们吗？"

这位保安不假思索地回答道："只要是客户的问题，总经理我都能叫来！"不久，维修师傅就来了，很快就把车修

02 目标管理：优秀的管理者都是分解任务的高手

好了。

陈教授总结说，这家酒店之所以有极好的口碑，就是因为他们没有在公司里强调大家必须各司其职。原本门卫只是负责开门和接引的工作，但是公司鼓励员工超越自己的岗位，为每一位用户的体验负责，而且只要是为客户解决问题，谁都有影响力调动资源。

如果我们在工作中学会跨界思维，学会把自己的小事干成公司的大事，我们自然就和这个保安一样具备影响力。

很多人在工作中缺乏影响力，就是缺乏把小事干成大事的能力。

什么是把小事干成大事的能力？阿里巴巴前任总裁兼CEO卫哲，就是一个能够把小事干成大事，从实习生干起的职业精英。

卫哲大学没毕业就去万国证券实习，做万国证券创始人管金生的秘书。管金生对下属的要求非常严厉，一般的秘书连一年都做不到，结果卫哲不仅干满了一年，还成了副总经理。

他的秘诀很简单，就是把小事当成大事干。

比如，一开始卫哲只是负责翻译和剪报，他会暗中观察哪一类是老板看过的，然后重点剪裁。还有比如打印资料，简单得不能再简单了，但卫哲却把它做到了极致。他会根据领导的习惯和偏好来调整字体和字号，让对方看着舒服。他还按照资料的重要性进行排序，而不是像一般秘书那样直接堆在一起。时间一长，管金生对卫哲刮目相看，索性让他替自己写报告和演讲稿。

卫哲一开始写不好，经常被要求返工，但他一遍一遍地修改，最终获得了认可。卫哲很快就被提拔为资产管理部副总经理，成为当时国内证券界最年轻的副总。那一年，他24岁。后来，他在马云的力邀之下加入阿里巴巴，并被委以重任。

把小事干成大事，就是不要只盯着自己眼前的工作，而是去思考自己工作的意义和目标。把小事干成大事的最好方法，就是让自己向工作的上游和下游延伸。卫哲就是这样做的，他没有只盯着自己需要翻译的文档、要整理的资料，他会思考这些文档和资料的意义，帮助老板获取高质量的信息，节省老板的时间。同时，他还会思考自己交付文档和资料之后老板的动作，会提前为老板将资料进行排序——这就是将自己的工作向下游延伸，确保结果能更好。

我们职业精英研修班有一位学员，在一家互联网公司做

02 目标管理：优秀的管理者都是分解任务的高手

设计师，当时她遇到了严重的职业倦怠问题，对工作感到很厌烦，于是找到我们的职业辅导师，希望职业辅导师能够帮助她。她觉得自己的努力完全白费了，做出来的设计总是被人挑毛病并且改来改去，这让她身心疲惫，几乎到了崩溃的边缘。

职业辅导师帮她分析为什么会无效努力，她说同事总是拿着各种设计需求来找她，但是同事们的需求根本就不明确，总是让她先设计出一版，然后大家又提各种意见，结果就改来改去，加上项目又多，时间又紧，最后让她本人苦不堪言。

这位学员的根本问题就是在工作中太被动，没有向上下游延伸自己的工作，去积极地影响同事，最终变成了被一群不懂设计的人牵着鼻子走，工作不辛苦才怪。

想想如果你去理发店，理发师问你：你想怎么剪？你会不会觉得很无语。你会说剪短一点，剪漂亮一点，你也只能说出这种很模糊的要求。因为具体剪成什么样，你自己都不知道，你花钱找理发师，就是要让他帮你提供专业的建议。

这时候，优秀的理发师会先和你聊聊，问你喜欢什么发型，之前剪过什么发型，最近流行的什么发型可能适合你，沟通明确之后，他才会动手去剪。普通的理发师只是理发，优秀的理发师会往剪发的上游延伸，去满足我们内心的期待，让我们喜欢上他推荐的发型，最终他就能轻易地剪出我们喜欢的发型。优秀的人都是这么做事的，在做事之前，就开始影响你。

通过职业辅导师的帮助，这位设计师明白了这个道理，开始在工作中积极地向上下游延伸。她要求有设计需求的同事必须准备好三样东西：文案定稿、风格描述、参考设计。没有这三样东西，就不会去设计。不仅如此，她在动手设计之前，一定会花时间和同事好好聊聊项目的背景和目的，引导同事明确需要的设计风格，管理同事的预期。

而且她还定下规矩，初稿完成之后，只能修改三次，修改超过三次就要重新走流程，算是重新设计。不到一个月，她的工作轻松了很多，而且同事们非但没有觉得她难沟通，反而觉得她突然变得专业了，大家也越来越喜欢她。

很多人会觉得自己的工作没意义，或者干着没劲，如果是这样的想法，我们在工作中就一定是被动的，只能被别人呼来唤去，甚至被边缘化。这种时候我会问他们，在你的工作之前和之后还有什么工作，谁和你配合。任何工作都有自己的上游和下游。

02　目标管理：优秀的管理者都是分解任务的高手 ◇

只要我们能够在工作中保持积极主动，带着谦卑和善意，站在公司和客户的角度，把小事当成大事去做，帮助自己工作的上游和下游去优化流程解决问题，那么我们在工作中一定会具有积极的影响力，同事和领导也会感受到我们的善意，对我们更加认可，更愿意协助我们的工作——成功就是早晚的事。

◇ 隐形领导力：不带团队，你也不用一个人干

把人带出来，你才能升上去

有一位朋友向我请教：她是公司里的业务骨干，领导总是把新人安排给她带，刚开始她还挺乐意的，可后来新人成长起来之后，对她越来越不客气，甚至抢她的功劳，她大有"带出徒弟，饿死师傅"的感慨，问我应该怎么办。

很多人都会有这样的担心，害怕身边的同事超过自己，尤其是眼看着新人要超过自己的时候，就更加感到恐慌。

面对这样的恐慌，我们常常会陷入两种处境：一类是上进的职场人。他们会通过不断提升自己和同事竞争，希望能够始终超越同事。他们相信，只要不断提升自己的业务能力，就不必为此而感到恐慌。这样做的结果很容易陷入业务冠军陷阱。

什么是业务冠军陷阱？就是一个职场人太过于追求个人业绩，竞争意识太强，缺乏合作精神，这就导致自己虽然业

02　目标管理：优秀的管理者都是分解任务的高手

绩不错，但是只会埋头做业务，同事不会喜欢他，领导也不会重用他。在领导看来，把你提拔了，谁来干活呢？这样的职场人在工作中很难有积极的影响力，也就更难升职加薪了，只能靠拼体力胜出。

另一类是不上进的职场人。他们为了不让同事超过自己，面对脑子更快、体力更足、加班更勤的新同事，可能会在工作中故意将一些关键的技巧和经验藏着，因为这些是他们唯一的优势，一旦这些也被别人学去了，自己就没有竞争力了。这样做的结果，必然是同事们腹诽不已，导致关系紧张。

不管是想要努力超过同事，还是有所保留地防着同事，结果都是导致同事关系紧张，让我们在工作中难以具备影响力，就更加谈不上领导大家了。

有一段时间，我对海底捞的管理很感兴趣，通过朋友介绍，认识了一家海底捞门店的负责人，近距离观察了他们的内部管理。我参加了他们每天散班之前的分享会，有位老员工就对新人们讲："让客人开心的关键，不是点头哈腰，而是记住他们的长相和名字。为什么？你们想，是恭恭敬敬地问一句'您想点什么'好，还是说'罗总您来了，今天吃点什么'，客人更高兴？"

037

当时，我就和旁边的主管说："这些老员工分享自己的宝贵经验，不害怕新人超过自己吗？"

他说："少毅老师，这位老员工希望成为明星员工，将来还想成为店长，这点经验对他来说不算什么。"

这位老员工为什么会毫无保留地分享自己的经验？原因很简单，在他眼里，他根本不想成为优秀的服务员，他要成为优秀的店长。当他只想做优秀的服务员的时候，他就会和身边的同事竞争；当他想成为店长的时候，他就会让自己成为领导者，去帮助身边的同事。

在职业发展的过程中，职场人有四个层级的竞争力：靠体力竞争、靠经验与技能竞争、靠资源与格局竞争、靠生态与模式竞争。

对于职场新人，最强的竞争力就是体力，谁更肯干谁的机会就更多，谁就越容易脱颖而出。对于业务老手，最强的竞争力是丰富的经验，谁有更成熟的方法来解决更多的问题谁就更厉害。对于领导者，竞争力则是掌握资源的多少和解决问题的思路与方法是否更厉害。对于商界领袖，也就是企业家，他们的竞争力是对商业模式的设计以及商业生态的构建。可以说不同的层次，竞争力也完全不同。

02 目标管理：优秀的管理者都是分解任务的高手

要想超越同事，一定不是去拼体力，比谁工作投入的时间多，也不是靠藏着掖着的技巧和经验。我们要在更高层次的资源和格局上努力，让自己成为领导者。

如何具备整合资源的能力，如何拥有更高的格局呢？做到这些有一个重要的前提，那就是把你的能力复制给你的同事。让你的同事帮你分担那些具体的事务，然后你就有时间和精力去突破和成长，去向你的领导学习，拥有和你领导一样的资源和格局。

很多人忽略了复制的意义，从根本上来说，生命因为复制而延续，细胞就是在不停地分裂和复制。我们生儿育女其实也是在复制自己的基因。

商业上也是如此，一家公司厉不厉害，就看它做的事情可不可复制。世界上名列前茅的餐饮品牌，例如，星巴克、麦当劳、肯德基、必胜客，都有其各自的特点可以快速复制。可复制带来稳定的品质和更大的规模，也就有更大的商业价值。过去我们的中餐是无法做到批量复制的，但随着冷链和中央厨房等技术的突破，中餐也可以复制了，于是出现了海底捞和西贝莜面村这样的知名品牌，这就是可复制的力量。

职场上也一样，一个人厉不厉害，就看他能不能把他的能力复制给自己的同事或者下属，让自己的同事也具备和自己一样的能力，当学习你的人越多，你在团队中的影响力就越大。

桥水基金是世界头号对冲基金，他们是怎么选择合伙人的呢？基金的创始人达里奥采用了一个巧妙的能力可复制策略。员工不论在任何场合分享观点和经验，都会被记录在案。然后，公司会通过员工的投票或者事后检验的方式，来验证这条经验是否被大家复制使用。每个人都有一个复制效果的权重得分，评判过后，得分就会调整。

如果你贡献的经验是错误的，或者是没有实际用处的，那么得分就会降低；如果你的经验被很多人验证有效，得分就会很高。达里奥认为，越多人使用你的经验和方法，说明你越厉害，在公司里就越有威望，自然就可以拥有更高的职位。很多公司虽然没有桥水基金这样的制度，但是同事和领导也是基于你复制出来的能力评判我们的价值。

我们试着站在老板的角度想一想，如果你是老板，手下有一个业绩超强的人，但是只会自己干自己的；还有一个人业绩优秀，并且很会指导新人。你会让谁做销售主管？显然是后者，因为后者能把能力复制给别人，能为团队创造更大

02　目标管理：优秀的管理者都是分解任务的高手

的价值。

　　优秀的职场人，不会担心自己的技能或经验被同事学去。恰恰相反，他们会把能力复制给自己的同事，来提升自己的影响力，让自己从具体的琐事中摆脱出来。是的，我们没有必要和同事在体力、经验、技能上竞争，要明白"教会员工，自己轻松"的道理。我们需要的是整合资源，提升格局，让平级同僚超越我们，如此我们才能超越领导。

走出完美主义的"三八定律"

有一位工作两年的朋友向我抱怨，现在的工作很没劲，已经学不到东西，只是走个流程而已，感觉自己正在虚度光阴。所以他尽量压缩工作时间，用上班的时间做些自己喜欢的事，比如，看书学课，觉得学点东西总比什么都不做、颓废着好。

当我们工作了一年到两年后，就会进入瓶颈期，因为对工作已经很熟悉了，该遇到的问题都遇到了，又没有了刚刚接触这份工作时的新鲜感和压力，对工作就会有"不过如此，也就这样了"的感觉。

当进入这种状态，多数职场人会开始追求工作和生活的平衡。心想工作既然没有那么大的压力了，那就多花些时间做点自己喜欢的事情吧，比如，追剧、旅行等，当然，也可能会报班学课，让自己多一些技能。

02 目标管理：优秀的管理者都是分解任务的高手

这样做无可厚非，但是站在职业发展的角度，我们可能就错过了真正提升自己，构建领导力的机会。

很多人不知道，职业能力有四个层次：执行、流程、标准、规模。

大多数职场人的能力就是执行，按照上级的要求去完成指定的任务。中层领导者则是在设计和管控流程，确保团队拿出好的结果。高层领导者则是在制定标准，他们往往也是行业的领导者，他们明确各个流程需要做什么。而企业家和投资人，他们思考的是企业的规模与发展趋势，是否有足够大的市场，是否有可复制的模式，是否有长期的利润。

当我们工作到一定年限，觉得眼前的工作不过如此的时候，其实只是在执行上有了经验和效率，这时，我们需要提升自己，去思考流程和标准，像领导者一样思考。

那么，流程和标准是什么？

让我们先做一个小小的实验：公司为你所在的岗位配备了一名助手，对这名新助手，你是满意的，虽然他没有相关的工作经验，但是积极上进。可是在他刚入职的第一天，你不得不出差，不能手把手教他承担你的日常工作，这个时候你会怎么办？

相信多数人要么请同事代劳，要么就让他先干点最简单的活。如果是这样，就说明我们对自己工作的流程以及标准，没有什么沉淀，没有办法把自己的能力很好地复制给别人。

拉卡拉的创始人孙陶然写过号称"创业圣经"的《创业36条军规》，他特别强调工作中对流程以及标准的沉淀。他说过，一个优秀的领导者，必须有办法让80%的人在80%的情况下做到80分以上。

那么该如何做到呢？其实就是把自己工作的流程和方法论落于文字，变成清单和手册，让谁都能看明白，看了就能做到80分。

曾经有一家公司请我去做管理顾问，他们遇到了一个很头疼的问题，就是销售团队业绩非常不稳定，组长花了很长时间培养新人，可是新人就是不出业绩。我观察了一段时间之后，发现了问题所在。

这家公司的问题在于他们从来没有认真思考过他们到底需要什么样的销售，没有一套成熟的招聘、培训、淘汰的制度和流程，就导致他们在销售的培养上花了很大的精力，但收效甚微。

我是如何帮助他们的呢？很简单，就是制作清单和手册。

02 目标管理:优秀的管理者都是分解任务的高手

首先,我和他们的高管讨论他们到底需要什么样的销售。然后,从基本身份、工作动机、工作能力、人生观四个维度去分析。最后,我们明确了高潜力销售的样子,共有19条,其中最重要的五条是:

- 期待月薪一万元以上。
- 有一定的亲和力,会关心别人。
- 有一定的抗压能力,能接受挫折。
- 认为工作和生活可以融合。
- 对销售、教育、咨询类工作感兴趣。

讨论清楚这几条之后,他们的销售主管就拍着自己的大腿说:"难怪之前的销售带不好,好几个销售都是北京孩子,面试的时候他们就说自己对赚多少钱无所谓。"

我笑着说:"这就是对自己的工作思考不够,缺乏基本的标准。"

讨论清楚高潜力销售是什么样的,接下来讨论如何在面试中通过问题去识别出这样的人。我们列出了30多个面试问题,制作了面试提问清单来考察应聘者,比如:

- 你期待的薪资是多少呢?为什么是这个数字呢?
- 你曾经帮助过谁?提供了什么样的帮助?

·你觉得工作和生活是什么关系呢？你过去是怎么处理的？

·工作中遇到低谷，你会怎么调整自己？

过去他们面试就是想到什么就问什么。现在的问题都是基于自己岗位需要的人才进行有效的提问，这就是最实在的工作方法论。过去需要组长和主管亲自面试，有了这些方法论，老员工也可以去面试新人，这就是方法论的价值所在。

接下来，我帮助他们设计了新人入职前三天的培训内容，新人前15天的淘汰制度，并全部落于文字。我还特别分享了华为创始人任正非先生的话：先僵化、后优化、再固化。执行不到一个月，他们招募的新人中，有超过2/3的人业绩赶上了老的销售人员。再也不需要组长花大量的时间去安抚和激励新人，团队的业绩自然也翻倍了。

每一份工作必然都有自己的流程和方法，只是我们很少去思考和沉淀，只能靠自己投入更多的时间才能做得更好。我们没办法把自己的能力复制给别人，也就更加谈不上有精力去指导甚至领导别人了。

在我们个人发展学会的管理精英进阶班，我把这些道理讲完之后，会指导学员就自己的岗位去制作自己的工作清单和手册。我们有一位学员茜茜，她是一家知名线上教育机构

02 目标管理：优秀的管理者都是分解任务的高手

的运营负责人，她花了两周，做了一个新人入职的10周成长手册。她把10周分为5个阶段，我们可以看看第三阶段：

第三阶段：给新员工挑战性任务，注意鼓励，建立互信关系（入职第4~5周）。

1.跟新员工面谈结构，记录对方的长处、掌握的技能，需要补的短板，并回馈给对方，帮助对方做下一步的成长计划。

2.给新员工一个初级课程，要求对方独立完成课件，并且将授课的流程面对面过一遍。

3.当新员工完成挑战性任务，或者有进步的地方，及时给予表扬和鼓励。

4.向公司管理层、其他同事展示新员工的成绩。

5.让新员工参与一次月度管理会，让对方知道公司的整体业务现状。

6.鼓励新员工总结至少一个关于教学服务、成本控制、学员在转化的改进点和创意点。

茜茜做完这个新人成长手册之后，在管理精英进阶班的学习群里分享她的体会：自己虽然做了一年多的主管，但还是第一次这么系统、深入地思考自己的工作，这件事让她明白了执行者的思维和领导者思维的不同之处。

回到前面那位工作两年，向我抱怨已经学不到东西的朋友，我后来告诉他，你不是学不到东西了，而是你找不到学习的方向，如果我们能够将思维从执行上升到流程和标准，去琢磨怎么把自己的能力沉淀成清单和手册，琢磨怎么把能力复制给身边的同事，我们的能力就会有质的飞跃。

自然，我们就会成为团队的领导者。

02 目标管理：优秀的管理者都是分解任务的高手

别让"猴子"跳回背上

我们一起来思考一个有趣的问题：站在组织管理的角度，你觉得三国时期的蜀汉丞相诸葛亮是一个优秀的领导者吗？

人们印象中的诸葛亮，除了神机妙算，对汉室忠心耿耿之外，还有一大印象就是"鞠躬尽瘁，死而后已"。你可能会觉得，像诸葛亮这样能力又强又肯干的高级干部，当然是一个优秀的领导者了。

但是站在组织管理的角度，诸葛亮并不是一个优秀的领导者。原因很简单，诸葛亮作为丞相，很多事只有他亲自干才能干成，没有他，事情就干不成。例如，他让马谡去守街亭，导致街亭丢失，最后自己一死，蜀国就只能坐以待毙。

不少职场人对领导者的职责有很多错误的认知，比如，要亲力亲为，要能力最强，要成为组织中不可替代的人。

相信很多人都会觉得这个说法很有道理，就是要成为公司里那个不可替代的人才，当我们在工作中拥有不可替代的能力时，那么我们就不会被淘汰，就有了话语权，会受到同事和领导的重视。这样的想法对于员工来说是正确的，但是对于领导者，就不正确了。

对于领导者，要追求的不是自己的不可替代性，而是组织的可延续性。不是这件事没有我不行，而应该是这件事没有我一样行，这才是领导者的职责。

一些职场人会把持一些技术或者资源，形成自己的"小团伙"，仗着自己的不可替代性，和上司甚至老板暗暗较劲，这样做的结果可想而知，不仅会引来领导的猜忌和防范，还会把自己束缚在这个岗位上，再难有所提升。

在《刘强东自述》一书中，介绍了京东的一个用人制度，叫作备份制度。京东规定，如果你是副总监以上的职位，你在同一个职位干了两年的时候，必须找一个继任者，这个继任者就相当于备份。而且，这个继任者必须是公司认可的。如果你在一个管理职位干了两年，还没找到公司认可的继任者，公司就会请你走人。

京东为什么会这么做？这就是保持自己组织的可延续性，不会因为一个人长期把持一项业务，或者一个业务离不开一

02 目标管理：优秀的管理者都是分解任务的高手

个人，而出现系统性风险。

也许你可能会说，这个制度不合理，我辛辛苦苦培养出来一个继任者，公司不就可以随随便便地把我开掉了吗？如果你这样想就太不自信了，而且格局也有点小。你能带好一个部门，还能培养一出个合格的继任者，那么你的时间和精力就不会被原来的总监岗位束缚，公司才能让你承担更大的责任，给你更高的职位。你这种能把业务做好，还能带出人才的领导者，公司怎么会不重用你。

我曾经说过，糟糕的领导者总是雪中送炭，四处救火，显得自己重要无比。而真正优秀的领导者，则是做锦上添花的事，深藏功与名。

讲一个段子：如果一家公司的保洁阿姨被绑架了，两天之后全公司就都知道了。如果CEO被绑架了，绑匪不主动打电话来要赎金，谁都不会知道CEO不见了。

这个段子说明，那些谁都看得见的工作，其实没有那么重要。而真正的领导者，解决的是更重要的问题，组织中更加重要的问题就是团队的稳定性和持续性，这些常常是普通员工看不见的。

所以我们应该追求的不是自己的不可替代性，而应该学会为组织的延续性做贡献。

具体怎么做呢？首先，我们要按捺住一个念头：他们都不行，还是自己来。

很多人在工作中需要和同事配合的时候，就会觉得沟通起来太费劲，同事都不靠谱。此时你就会想：还是自己来吧。甚至是面对自己的下属也是这样，交代给下属任务，看到结果的时候恨不得把文档撕碎，脱口而出：算了算了，放着我来。

凡事自己来，眼下看起来轻松和高效了，其实就是把什么都往自己身上揽。著名的管理专家威廉·奥肯在他的畅销书《别让猴子跳回背上》里面提出了一个有趣的理论，叫作猴子理论。意思是我们把很多不该自己做的事情，不该承担的责任，都往自己身上揽，这些事情就像一只只猴子，我们让太多猴子挂在了自己的身上，让自己麻烦缠身，不堪重负。

要想不让猴子爬到自己身上来，首先就是要克服他们都不行，还是我自己来的冲动。要学会调动身边的同事帮助我们做事，让事情即使没有我们一样能做好，这才是真正的领导力。

前面我们讲复制自己能力的方法，包括制作工作清单和手册，这个方法主要是针对已经成熟的工作，面对新的或者

02 目标管理：优秀的管理者都是分解任务的高手

临时的任务时，我们该怎么做到延续性呢？其实也并不复杂，只需要思考三个问题：

- 这件事谁来干？
- 这件事怎么干？
- 怎么能越干越好？

分享一个我们管理精英进阶班学员的蜕变故事、他在一家大公司做区域经理，大领导出国游学前突然让他组织各个大区的业务能手每周做一次线上分享，调动大家的工作积极性。

一开始他就想当然地认为自己应该去组织这件事，他计划先让各个区的经理上报自己区域的业务能手名单，然后他来排序，自己一一和这些业务能手去沟通让他们准备分享。

幸好他当时学习了我们的课程，否则又让一堆猴子爬到了自己的身上。他开始思考，怎么让自己投入尽可能少的精力做好这件事。

他首先思考这件事让谁来干呢？谁最愿意来做这样的分享呢？他盘点了一下各个区域的经理，想到了几个平时最积极也爱分享的经理还有业务骨干，于是就先从他们开始。

这件事要怎么干呢？分享一周一次，一次20分钟，这不管是对讲的人还是听的人都没有太大的负担。分享最好固定在每周三，一周的中间段，大家不会太忙，听完也能在工作中实践。

怎么才能让这件事越干越好呢？首先，要让这周分享的同事去指导下周分享的同事具体该怎么做，这样不仅效率高而且还可以持续。能不能引入外部的监督机制呢？公司有微信公众账号，可以找新媒体的同事，让他们每周把分享稿变成文章发出来。这样新媒体部门的同事也会因参与而感到高兴，分享的同事还能成为榜样，来不及听直播的同事还能看文章，简直是三全其美。

最后执行的时候，这位学员只是在开始的时候和各个部门沟通一下，第一次分享的时候亲自盯一下，后面这件事就能自行运转了，他只需要偶尔鼓励鼓励，看看执行情况，每个月再请大领导出来鼓励一下分享的业务能手就可以了，根本没有浪费多少精力。

之后这个分享做得一直都非常成功，大领导因此对这位学员刮目相看，觉得他不仅执行力强，而且很会调动资源。大领导表扬他的时候，他笑着说，其实是同事们积极主动，业务骨干们都非常优秀，分享了很多干货，自己只是搭了一

02 目标管理：优秀的管理者都是分解任务的高手

个舞台而已。

这位学员明白了可替代性的道理，他没有冲到一线，也没有强调自己的功劳，而是把自己放在幕后，真正的领导者就是这样——他们会站在组织的角度，设计制度和流程，让大家更加轻松高效地完成任务。我们要追求的不是自己的不可替代性，而是组织的稳定、持续、高效。

03

闭环思维：
行为可预测，威信会更高

隐形领导力：
不带团队，
你也不用一个人干

03 闭环思维：行为可预测，威信会更高

在关键节点做沟通，一句顶一万句

有一次，我去帮朋友做管理咨询，提到了一个他们可以借鉴的项目，这位朋友听完之后非常兴奋，立刻对身边的助理说："这件事很重要，一定要好好推进，你安排小张去做吧。嗯……还是让小王去做吧，感觉小王更靠谱。"

等他安排好事情，我们聊得差不多了，我就问他，为什么刚开始安排小张，之后又觉得小王更靠谱呢？朋友显然没有思考过这个问题。他说小王工作更积极，更有责任心，所以更靠谱。我反问他，更积极就更靠谱吗？他一时也回答不上来。

我曾经做过一个小测试，在我认识的一些朋友当中，让他们对下属的品质进行重要性排序，这些品质分别是：努力、善良、责任心、靠谱、情商。

他们经过一番思考之后，几乎无一不把"靠谱"排在了

第一位。

我越来越发现，靠谱，其实是对一个职场人最高的评价。靠谱的人会让同事信任，会受领导重用，这样的人在职场上一定更有影响力，同事和领导也都愿意配合他。

那么，什么样的职场人是靠谱的呢？其实，积极主动、情商高这些并不是关键，最关键的是做事情是否有结果。

职场上有两种人：一种是有结果的人；另一种是没结果的人。有结果的人在工作中一定会给你一个明确的交代，帮你解决问题，让你心安；没有结果的人，很多事就不了了之，没有下文，是那种让你不放心的人。前者你会很放心地把事情交给他，对于他的事情我们也会上心；后者总会让你觉得不怎么靠谱，对他做的事情也不会寄予太大的希望。

有一次，我和同事一起去深圳开会，主办方安排我做开场演讲。我在候场的时候，就觉得会场很热，很多人都已经汗流浃背，坐立不安。可见，这样的状态下，观众的体验肯定不会好。我找到会场工作人员问他们现场为什么这么热，能不能把温度降低一些。没过几分钟，工作人员告诉我，因为大厅的空调太少了。

03 闭环思维：行为可预测，威信会更高

我虽然不知道他是怎么得出这个结论的，也许是问了其他的工作人员，也许是随口应付我，但是，他显然忘记了我期待的结果。我需要的是把温度降低，最终他给了我一个温度高的解释，同时向我暗示：这件事他也没办法解决——这就是做事没结果的人。

这样的人在工作中我见过太多了，同事和领导交办一件事，发现事情有点难度，或者有些工作不是自己的职责，于是就找个借口不了了之了。

我找到当时在会场的同事，说温度太高了，让他去看看怎么回事。同事立刻就去了，很快他回来告诉我，是因为门窗没关好，空调也没有调到最大功率，所以会场很热，这个问题他已经让会务组去解决了。

我的这位同事就是工作中靠谱的人，他做事就有结果。其实，我当时就在想，这么专业的会场，不可能少安装了空调，一定有其他的原因，也应该能解决，结果果然如我所料。

相信我们在工作和生活中都有这样的体会，当我们遇到做事认真的人，我们也会认真对待他的事。如果我们自己成为一个靠谱的人，那么身边的人也会更加积极地配合我们，

我们自然就在工作中更有影响力。

怎么让我们在工作中更加靠谱呢？很简单，就是做到三点：凡事有交代，件件有着落，事事有回音。做到这三点并不难，就是在工作中保持三个好习惯：

第一，提前沟通。

提前沟通，是确保一件事能够顺利完成的重要方法。你知道怎么邀请一个业界大咖来参加你的活动吗？通常情况下，大咖是很难请的，但是聪明的机构有一个办法，那就是提前一年去预约，通常大咖觉得这件事还有那么久，就先答应下来，到时候总会有时间的。

这些机构还会每隔几个月就提醒大咖一次，大咖慢慢就会越来越重视这件事了，会提前把别的事情安排好，以便参加活动。明白了这一点，我们就能对同事和领导施加影响力，让他们配合我们的工作。提前沟通，给对方的缓冲时间越长，提醒对方的次数越多，对方就越重视这件事。

很多人之所以找人配合工作总是不顺利，推进起来费心费力，就是因为总是事到临头才去沟通，把麻烦丢给了对方，结果对方也有自己的事，自然就不太愿意帮忙了。反过来我们还觉得同事不体谅我们，导致人际关系越来越

03 闭环思维：行为可预测，威信会更高

紧张。

所以，要让自己做事靠谱，提前沟通、多次沟通是非常好的习惯。

第二，及时反馈。

工作中我们反馈别人的速度，就是我们靠谱的程度。靠谱的人一定会及时反馈，哪怕问题暂时解决不了，也会给出答复和接下来的安排。而不靠谱的人则是能拖就拖，最后满心不情愿地去面对，结果还丢三落四。

我们研修班有一位学员就犯过这种错误，她是一名客户经理，客户公司的领导对她们的产品表示有一些不满，按照规定，她应该主动和对方领导沟通，询问具体问题，尽快解决问题。但是她内心有些害怕，不知道怎么沟通，恰好那一周事情多，她耽误了一周之后才去沟通。没想到对方公司的领导出国休假了，一去就是半个月。结果半个月过去了，再去找对方公司领导谈这件事就很尴尬了，对方领导肯定不会忘了这件事，但是也没有心思再去谈了。这很影响领导对她的印象，会觉得她工作不够积极，不重视他。

很多人在工作中怕麻烦，觉得越早沟通事情越多，所以

内心总是不愿意面对，想着先做别的事情，有意无意地就把这些事情就给耽误了。但事实上，工作中越怕麻烦，麻烦就更多；不怕麻烦，把问题解决了，麻烦才会消失，这才是靠谱。所以，及时反馈非常重要。

第三，做事一定要有始有终。

靠谱的人一定会把一件事画上一个句号；不靠谱的人总想把事情画上一个省略号，最终不了了之。

我们让别人帮忙，常常别人帮完之后，我们就把那些参与的人给忘记了。慢慢地，别人对我们的事情就没有了参与感，以后就不会对我们的事情上心了。

做到有始有终，试着学会说这样的话：

"小董，我们的项目结束啦，虽然没有达到预期的效果，但是积累了很多的经验，感谢你的付出，你的认真负责让我印象深刻，接下来我们一起再接再厉！"

"王哥，我们的方案通过了，感谢你提供的资料，你最靠谱了！"

"张老师，这次合作我收获很多，感谢您的包容，从您身上学到很多，尤其是对学员的关心和体贴，希望有幸下次继续和您合作。"

03 闭环思维：行为可预测，威信会更高 ◇

……

工作中能有这样的习惯，谁会不喜欢你？你提出的建议和请求谁会不重视呢？

这就是靠谱带来的影响力。

◇ 隐形领导力：不带团队，你也不用一个人干

超预期交付，就是永远比说到的多走一步

我有一个学生，被保送到清华大学读研，后来她专门邀请我去清华大学转转，在此之前我还真没去过清华大学。我们走到了清华的一个大礼堂，在南端的草坪边有一个日晷，日晷上面写着四个字：行胜于言。

我笑着对这位学生说：你之所以能保送到清华，就是做到了这四个字。这位学生大一的时候就来上过我的课，她本科虽然是很不错的大学，但和清华还是有些差距。然而，她从大一开始，几乎门门课都是第一。除了成绩优异，大一的时候还带着同学们参加校排球赛得了第一，大二参加机器人大赛得了第一，大三参加清华大学的网络与计算机夏令营表现优秀，最终免试保送清华，是这个专业的第一名。

我对她的大学四年比较了解，她之所以能取得这样的成绩，绝对不是一个人默默努力的结果，每一次的机会和挑战，

03 闭环思维：行为可预测，威信会更高

她都得到了同学和老师们的支持与鼓励。

记得大一的时候，她向我诉苦，自己一点儿都不想参加校排球赛，她觉得每天训练特别耽误自己学习，但是同学和老师都知道她的体能很不错，希望她能作为主力参加。当时，我告诉她，大学需要的不仅是好成绩，还要有在同学和老师中的影响力，这样才能帮助自己获得更多的机会。

最终，她努力克服困难，取得了比赛的第一名，这是她们学院十年来第一次夺冠。后来，就因为她在这次比赛中的出色表现，同学和老师对她更加信任，也才有了最终保送清华的机会。

有这么一句话：你有你的逻辑，世界另有逻辑。我们自己的逻辑是做自己喜欢的事情，做自己擅长的事情，做自己认为重要的事情，认为只要做好了这些事情，别人就会认可我们，我们就会更成功。

然而这个世界的逻辑是，你能够为大家创造更大的价值，大家就会给你更多的机会。在工作中，需要的是你能为大家交出超预期的好结果。

我之所以说她行胜于言，原因就在于，她总是能够克服困难，最终让所有人都满意，这是非常难能可贵的品质。其

实，行胜于言，就是超预期交付。无论是不是自己选择的事情，只要做了，就要做到超出别人的预期，给别人惊喜，让别人看到我们的实力。最终获得别人的信赖，收获更大的影响力，拥有更多的机会。

可惜很多人不明白这个道理，总会有各种理由不去做好眼前的事情，比如，这件事自己不喜欢，和自己无关，自己本来就不想干，是别人让我们做的，或者有各种困难，觉得特别麻烦。总之，让我们有借口为交出不理想的结果做解释。

我们个人发展学会的创始人刘Sir，同时也是图书品牌"黑天鹅"的创始人，出版过《自控力》《黑天鹅》等超级畅销图书，是出版界的大咖。他曾经说过这样一句话：一个合格的策划人，不是把一个已经名气很大的作者包装策划出来，而是把一个没有什么名气的作者，经过巧妙策划，最终把一本原本可能只卖两万册的书，变成卖到十万册的畅销书。

策划人要抓住每一次机会证明自己的价值，这样才能获得同行的认可，获得作者的青睐。长此以往，才有可能出现天时地利人和的机会，创造出超级爆款。

我们在工作中也是这样，不能只埋头苦干，或者等待让自己一鸣惊人的机会降临，正确的做法是抓住每一次机会，

03 闭环思维：行为可预测，威信会更高 ◇

持续超预期交付自己的工作，向身边的同事、领导、合作伙伴释放自己能够为大家带来更多价值的信号，逐渐为自己创造出更多的机会。

如何做到超预期交付呢？

这里有两个重要的超预期交付的方法：

第一，超出对方的预期完成任务。

第二，超出自己上一次的表现完成任务。

首先，超出对方的预期完成工作。我们做任何一件事情都是带着一定的预期的，比如，我们打算去某一家餐馆吃饭，你在某款APP上看到了这家店的介绍，觉得还不错，于是就有了一个基本的预期。餐馆满足了你的预期，顶多算是合格。这时，你不会有额外的感受。

但如果某一道菜的味道远远超出你的预期；如果饭馆装修独特，服务也很贴心；如果再额外附赠一个果盘，果品配得又非常用心，这就会形成超预期的用餐感受。如果是这样，这家餐厅在我们心中就有了口碑，我们下次还会愿意去，还会推荐朋友去，这就是超预期交付带来的影响力。

我们在经营自己的影响力时，就像经营一家餐厅——身边的同事和领导交代我们一项工作，就是在体验我们的"服务"。如果我们的态度差,交出的结果也不好,他们虽然嘴上不说,但心里会降低对我们的预期,就不会将重要的工作、更好的机会给我们,我们的影响力自然越来越小,机会也越来越少。

超出别人的预期并不容易,我们可以转变一下思路,那就是超出自己上一次的表现交付结果。毕竟我们能力有限,需要完成的任务也确实比较难,但是没关系,只要我们的表现比上一次好就行。

有一次,我去中广核集团(大亚湾核电站的母公司)参观,看到墙上贴着这样一句话:一次性把事做对。这让我有点意外,但更多的是震撼。一个需要保证绝对安全的核电站,确实要一次性把事做对。核电站一旦出错,就会有灾难性的后果,所以他们对工作结果的容忍度是0,绝对不能有丝毫差错。

不过,幸好我们在自己的工作中不需要面对如此可怕的后果,我们对工作中的不足和失误的容忍度不低,只要满足基本的要求,其实都是可以的。所以我们就先做好这一次的工作,然后下次再做得更好。比如,更早完成,提前上交,质量更高,方案更多、更完善,等等,这些都是比之前更好,都是在超预期交付。

03 闭环思维：行为可预测，威信会更高

这里我想提倡一种超预期交付的敏捷工作法，是让我们高效努力，持续优化的方法——就是一次比一次更好的交付。

例如，一家餐厅一次性便把客人点的10道菜全部做完一起上。这样出现的问题是，客人要饿着肚子等半天，而且，万一太咸或者太辣，没有任何调整的余地。而"敏捷"餐厅的做法是，先上一道菜，给客人垫垫肚子，然后问问客人的反馈，再一道菜一道菜地上完。

具体说，敏捷工作法包括两个要点：最小可交付和持续迭代。当你面对一项任务的时候，最小可交付就是第一道菜。通过反馈，再持续迭代，也就是不断地把后面的菜陆续炒出来，然后不断超出对方的预期，最终让对方看到我们的成长和诚意，这就是超预期交付。

要想成为具备影响力的领导者，我们需要做的，就是超预期交付自己的工作，做到行胜于言。

◇ 隐形领导力：不带团队，你也不用一个人干

学会给你的信任账户充值

做两个有趣的思想实验：

第一个，当你遇到人生中一些艰难而且重大的选择时，比如，买房、投资等，你会向谁咨询意见呢？

第二个，如果你打算辞职去创业，你需要从同事中选择一些人一起干，那么你会选择谁？

认真想一想，你会发现，你咨询人生重大问题的人，可能并不是你的父母、伴侣、闺密。你希望一起创业的人，可能也不是平时和你走得最近的同事。那么，你会选择哪些人呢？相信你会选择那些不仅可信，并且真的能够给你提供有效帮助的人。

这里有一个有趣的现象：那些亲密的家人和朋友，我们会相信他们，但是我们不会任用他们。反而是一些关系并不亲密的人，我们不仅愿意相信他们；还会让他们和自己一起

03 闭环思维：行为可预测，威信会更高

协作，解决一些难题。

小时候看成龙的电影《警察故事》，里面有一幕让我印象深刻：成龙饰演的陈家驹被坏人陷害，他在警局拿枪挟持上级要逃走，这时候他的同事们说："家驹，你要相信我们。"陈家驹说："我相信你们每一个人，但是我不能靠你们。"

真正的信任，就是相信并且任用，是愿意和你一起解决问题。不仅如此，信任也是有额度的，值得你信任的人可能不止一个，你还会将他们进行排序，然后优先选择和更值得信任的人协作。

这里我想说，信任其实是一种特殊的资产，它意味着人们愿意承担一定的风险与你协作。而且每个人在别人眼里的信任额度是不一样的。

我们职业精英研修班有一位学员曾经问我，他和另一位同事一起入职，工作内容也是一样的，有一次他们业务比较忙，他和另一位同事都不小心把发给客户的数据弄错了，结果客户在群里投诉，领导出面才解决了问题。

但奇怪的是，领导并没有批评另一位同事所犯下的错误，在群里帮忙调节，还夸这位同事做事靠谱，只是一时没注意。

而我们这位学员发错数据的时候，领导不仅在群里批评了他，还被拿到公司内部群里变成反面典型，通报让同事们以后注意，这位学员觉得很委屈。

相信你也会遇到类似的事情，为什么犯了同样的错误，原谅他却不原谅我呢？这是不是不公平？之所以会这样，是因为每个人"信任账户"中的额度是不一样的——这个额度最终决定了别人给我们的耐心、重视程度、机会都是不一样的。我们要做的，就是提升自己在别人眼中的信任额度。

什么决定着我们的信任额度呢？我们可以从经济学的角度解决这个问题，经济学中有一个概念叫作沉没成本，指的是我们为了做某件事已经付出、无法收回付的成本支出。

假如你想开一个餐馆，你怎么证明自己是真心实意地开一个餐馆，不是只做一个小买卖，赚个快钱呢？最好的方法不是把你的饭菜做得多好吃，因为你今天做得好吃，明天就可能偷工减料。最好的方法就是我们能付出一些不必要的代价，取信于人，让别人觉得你是认真的，而且是有决心干好的，不会轻易放弃。

为什么五星级酒店的大堂都特别气派？为什么很多产品

03 闭环思维：行为可预测，威信会更高

要花大价钱请明星代言？他们就是先投入巨大的沉没成本来获得大众的信任，表明这些钱我都肯花，我还会偷工减料吗？

明白了这些道理，那么我们怎样在工作或者生活中取信于人呢？简单来说，就是付出看起来多余的努力，以此来获得别人的信任。

讲一个真实的案例。一个在地级市银行工作的小伙子，他每天工作的内容是卖银行的理财产品。正常情况下，他的工作就该像保险公司的推销员一样去扫楼，挨家挨户地敲门询问。然而，这一套基本已经得不到用户的信任了。

他是怎么做的呢？他先思考自己的目标客户是谁？大爷大妈。客户最集中的时间和地方在哪里？傍晚在广场上跳舞。那难道去跳广场舞的地方摆个摊吗？这跟扫楼没什么区别，还是没有信任可言。

这个小伙子想到了一个办法。他拿着数码相机，以一个摄影爱好者的身份给大爷大妈们拍照片，而且拍得特别认真。

广场舞在大爷大妈们心里是头等大事，突然冒出一个小

伙子来记录这个美妙的时刻，他们当然高兴，而且还一定会朝这个小伙子要照片，照片怎么传呢？那就要加微信了，于是，他一下子就成了客户朋友圈里的好友了。

后来，小伙子还给大爷大妈建群，线下拍照，线上分享照片，这样一来二去，大家由生到熟，这时再聊聊自己的工作，亮明身份，说摄影是副业，银行是主业，自己就是卖理财产品的。然后，大爷大妈就问好卖吗？有什么理财产品？不管说什么，因为有了前面的信任感，老人听来都是入耳入心，成功率就会大大提高。

小伙子去拍照，其实就是在付出不小的沉没成本，看起来似乎无效的努力，但恰恰在客户心中建立起了信任感，最终让自己收获了亮眼的业绩。

我们也可以试着付出一些看似多余的努力，比如，可以花钱报班提升自己，多花时间加班工作，多花时间和领导沟通……只要身边的同事和领导看到我们投入的越多，越能证明我们的态度和决心，就越容易获得他们的信任。

《法华经》里有一句话"功不唐捐"，意思是：功业是不会白白地被浪费掉的，它会用一种我们无法预计的方式返回

03 闭环思维:行为可预测,威信会更高

到我们身上。

你要相信,自己付出的努力都不会白费,都能帮助我们充值信任额度,获得影响力。

◇ 隐形领导力：不带团队，你也不用一个人干

走出舞台思维，在重复中建立信任

我曾经在一部小说里看到一个有趣的情节，一个年轻人刚到某个事业单位工作，就面临着一个选择：要不要给办公室里所有的前辈打开水。那个年代不像现在的办公室都有饮水机，开水需要拎着开水瓶去开水房打回来。

年轻人是单位里的第一个大学生，自诩为天之骄子，不甘心干这些杂活，于是问自己的长辈，自己该怎么办。长辈是这么回答的：如果你觉得自己可以一直打开水，那从第一天就开始打，长年累月，大家会对你有一个好的印象，同事也多多少少会照顾你。但是如果你打了几天以后就厌倦了，开始抱怨，那就一天也不要打，要不然过段时间不光你会痛苦，别人也会觉得你这个人很差劲，不仅虚伪，而且做事敷衍。

你也可以一开始就不打开水，那么你就成了打破办公室

03 闭环思维：行为可预测，威信会更高

"潜规则"、不守规矩的新人，大家会对你更挑剔，想看看你有什么本事，你就需要用突出的工作能力来证明自己，这样大家才会接纳你。但是，如果你没有这个本事，大家会觉得你心高气傲，你就会遭到同事的排挤。

长辈的回答其实富有哲理，要想获得大家的认可，要么靠自己一如既往的好态度获得大家的信任，要么靠始终如一的高水平得到大家的赏识。总之，就是要能持续做好一件事，获得大家的认可。

持续做好一件事，就是把一件事重复做、一直做下去，这是证明自己最好的方式。可惜我们很多人都忽略了重复对我们构建影响力、获得同事与领导信任的意义。

我们低估了重复的力量，世界上只有重复的东西才是永恒的，那些不能重复的往往都是短暂的。太阳每天东升西落，一年四季循环往替。所有的生物其实都在做一件事情，就是不断地分裂和自我复制，所以生命能够长存至今，重复才是生命的主旋律。

重复也是构建影响力的本质，将一件事情重复做，能够产生巨大的力量，这种力量远远超出我们的想象。

就拿艺术瑰宝敦煌莫高窟来说，在1600年的时间里，人

们陆续在敦煌建造出了735个洞窟，壁画面积达到4.5万平方米。

很多人不喜欢重复一件事，觉得一件事干久了没意思，想着要创新，要突破，要做出一件轰轰烈烈的大事来证明自己。

之所以会这样想，根本原因是我们对人际关系的思维模式出现了问题。

很多人内心的思维模式是舞台思维，觉得自己仿佛站在舞台上，身边的人都是看着我们表演的观众，自己的一言一行都会被大家关注。为了证明自己，我们必须在舞台上表演，做出新动作、大动作才能吸引大家的眼球，才不会被大家厌烦和抛弃。

但是，事实上根本不是这样，这是一种以自我为中心的错觉。我们反思一下自己，你会盯着别人的生活一直看吗？根本不会。你记得上个月哪位同事业绩第一吗？你记得上次开会领导批评了谁吗？除了当事人自己记得，我们根本不会往心里去。

在人际关系上，正确的思维模式是路牌思维。每个人都在自己的生活中忙碌，大家都是川流不息的生命之河上的过

03 闭环思维：行为可预测，威信会更高

客，我们需要做的就是像一个路牌一样，一直站在那里，给大家提供清晰、稳定的信息，这样大家才会记住我们，信任我们。

举个常见的例子，你去楼下超市买东西，你会发现超市里卖的东西非常稳定，有的一直有，没有的一直没有，为什么？这样的超市就是以路牌思维在经营，经营者为客户提供确定性的服务。你想想，如果一家超市，前天你去是开门的，今天你去关了门，明天你就会嘀咕是去还是不去，去了发现还是关门，你很可能就再也不会去了，因为它不能给你确定性的服务。

反观身边的朋友也是这样。你会发现，那些经常换工作，过段时间又在做新项目的朋友，你总会觉得不靠谱。反而那些一直坚持做着某些事情的人，给我们的感觉往往更靠谱。

重复能够带来两大意义：一是重复才能精进，二是重复才能被信任。

读大学的时候，体育课是选修自己感兴趣的项目，我几乎每学期都选修乒乓球，每次去上课我们这些同学都是约着打比赛，比赛的时候变着各种花样秀球技。但是球场旁边的体育生，他们都是乒乓球省级运动员，他们一下午都在练习

同一个动作，我们看得目瞪口呆，这就是业余和专业的区别。

专业运动员就是不停地重复，一个动作练上一年半载都是正常的。这就是成长的奥秘所在，只有在一个点上，不断重复，才能形成自己的条件反射，才能变成自己的优势，最终脱颖而出。

爱迪生说过：天才总是在重复中寻找灵感。当我们能在重复中找到乐趣，我们就比别人高出一个境界。

从影响力上来说，重复才能让我们真正被大家信任，传播学上有一个法则——七次法则。指的是人们从接受新事物，到形成认知，到选择信任，需要七次接触。就算一次接触印象再深刻，但如果次数不够，你也很难让对方信任你。也就是说，影响别人这件事，不是一见如故，而是日久生情。不是每次都变着花样，而是始终如一。

我们也可以通过一以贯之的重复构建自己的影响力，学会要么坚持一个理念，要么坚持一种行为模式。

马云就是一直坚持一个理念——让天下没有难做的生意。我身边很多人都有自己的理念，比如，拍出好的电影，做出好的音乐。有一个简单理念的人，都是行动力很强的人，也是容易获得大家的信赖的人。

03 闭环思维：行为可预测，威信会更高

当然，这样的理念是因人而异的。除了理念，我们还可以坚持一种行为模式，把一件事反复做下去。比如，"罗辑思维"的创始人罗振宇，每天早上坚持发60秒的语音，已经持续了7年；他还要做持续20年的跨年演讲，已经做了3年。

一件事埋头一直做，并坚持下来，你就有让人赞叹的力量。

我们职场人也是，坚持写日记，坚持每天列待办事项，坚持每天运动半小时……一件简单的事情像吃饭睡觉一样重复做、一直做，不仅能修炼我们的心性，让我们更加稳重，还能让我们树立靠谱的形象。

我自己就有很多事情持续了好几年，比如，写晨间日记七年多；日程表用了四年多；睡前运动两年多；更不用说读书学习了，那更是没有间断过。这些习惯给我的工作效率以及身体健康都带来了很大的帮助。

把一件事一以贯之地反复做，是一个禀赋一般的人把事情做好的最好办法。

想一想，如果你每个月收集同行业的最新资讯，每个月采访相同岗位上的一名前辈，把这些变成文字积累下来，不出三年，你绝对是公司数一数二的高手，升职加薪不在话下。

绝大多数人的禀赋都是差不多的，天才只有极少数。大多数人只需要专注地做一件事，那么时间就是你与他人间差距的放大器。

03 闭环思维：行为可预测，威信会更高 ◇

积累关系货币，放大自己的声音

曾经在TED演讲上看到摩根士丹利副总裁卡拉·哈里斯分享的一段自己的经历和思考，相信对我们每一个人都会很有启发。

1988年，哈里斯第一次参加华尔街顶级投行的年终会议，会议上金融街的大佬会挑选一批新人成为合伙人。他观察了每一位候选合伙人被大佬们点评议论的过程，当时哈里斯脑海里冒出了一个问题："如果我也是候选人之一，谁会在这样的会议上为我说话呢？"

哈里斯说，企业组织任人唯贤的想法只是美好的想象。任何评估过程，只要掺杂了人为因素，就很难做到百分百的客观，大佬们一定会有自己的偏好。因此，你必须要保证，有人能在高层会议里为你辩护、支持和肯定你。

哈里斯还进一步提出，在职场上有两种货币：绩效货币和关系货币。绩效货币指的是你要有好的业绩证明自己。关系货币指的是你要有厉害的人来为你站台。也就是说，我们不仅要自己靠谱，还要有靠谱的人肯站出来说我们靠谱。这样我们才能获得更多的机会，具备更大的影响力。

我们很多人都忽略了这一点，认为只要我自己真的厉害就好，何必在乎别人的评价呢？我们自己就可以证明自己。这样以自己能吃苦为荣的想法，是我坚决反对的。正确的想法是调动一切可以调动的资源，让自己更轻松、更快速、更有效地达成目标，用结果来证明自己。

这里分享一个精彩的故事，故事的主角是个人发展学会一位专家合伙人，这个故事不仅能告诉我们靠谱的人为我们站台的意义，还能告诉我们怎样找到这样的人让他们帮助我们。

这位专家合伙人孤身一人去英国读硕士，在英国社会完全是零背景、零经验，没有任何人脉。

到了英国后，为了挣够学费，她需要尽快在校园里找一份行政助理的工作。她跑遍了校园里所有办公室，投了不少简历，获得了四次面试机会，可最终都没被录取。

面试失败的原因，不是出在她的英语水平或沟通能力上，

03 闭环思维：行为可预测，威信会更高

而是在这个国家里，她没有任何人际关系来协助她完成以后的助理工作。

怎么办呢？人在无路可走的时候，总是会想出一些非同寻常的办法。第二天就是学校的迎新活动，校长会出席，她决定争取获得校长的帮助。

校长出现了，只见他满头银发、面容慈祥。她找到一个机会，鼓足勇气上去介绍了自己。她先表达了能被这所大学录取的感激之情。接着，她还分享了自己在几所学校中选择这所大学的原因，是因为一直向往这里的多元文化和对中国学生的友好。

一番愉快的沟通后，她接着说："像我这样的中国研究生，大多来自普通家庭，我们有足够的冲劲儿，热切地想为母校做贡献。如果我们在刚到校园的时候，这里的各种机会能够对我们更友好、更开放一些，让我们排除障碍，更有效率地投入到学术研究中，那母校的'兼容并包'的美名一定会传播得更远。"

这时，校长有些吃惊，接着就问她有什么苦恼。然后，校长亲自把她带到办公室主任面前。校长说："你那里有空缺的职位吗？这是Lily，你们俩可以聊聊。"有了校长的背书，

主任后来欣然招募了她，困扰她近一个多月的难题就这样轻易地解决了。

这个故事就说明，很多时候，并不是我们的能力不行，而是没有人能够站出来证明我们的能力可以胜任这份工作。因为没有刻意去积累关系货币，就会让我们错失太多的机会。而积极主动地找到靠谱的人，向他们展示自己，证明自己，获得他们的信任背书，是非常重要也是很有必要的。

这个故事里还暗含了三个可以帮助我们找到靠谱的人，并令其为我们背书的方法：

第一，创造价值，而不是抱怨问题。

抱怨是无能者的贪婪。当我们带着满心的委屈和愤懑，想去控诉自己遭遇的不公平对待时，这个时候我们就是以弱者的姿态，给别人带来压力和厌恶感。我们更多是给别人添堵，大概率是不会得到别人的帮助的，得到的也只是怜悯而已。

这位专家合伙人在这一点上就做得很对，她没有抱怨自己遇到的不公平待遇，更没有向校长控诉自己遇到的种族歧视，反而向校长展示了自己的善意和高价值。

她提到自己在众多学校中选择了这所学校，就是在暗示

03 闭环思维：行为可预测，威信会更高 ◇

自己其实是很优秀的学生；她说自己是希望为母校的学术发展做出贡献，也是在努力为学校创造更大的价值；她还提到将母校兼容并包的美名传播得更远，更是在解决问题，而不是抱怨问题。

当我们希望别人帮助我们的时候，我们要做的不是去抱怨问题，而是要试着去解决问题，试着努力贡献自己的价值，你才会获得对方的认可和支持。

第二，把我们的小目标放到一个宏大的意义中。

大咖们关注的问题，一定比我们的维度更高，我们关注的是眼前的具体困境，而这些困境在大咖眼里其实只是我们自己的小事。所以，我们可以尝试把自己的小事变成大咖会关心的大事。

校园的文化多元性、学校的学术研究水平、学校的美誉度，这些都是校长所关心的，这位专家合伙人就是从这些角度去和校长沟通，从而获得了校长的关注和支持。

这个方法说得接地气一点，就是将你的努力和某个更宏大的目标相连接，并且这个目标在社会价值观上是可取的、令人瞩目的。

第三，创造长期交往的机会。

德国社会学家卢曼对信任有一个经典的说法:"信任源于重逢,没有重逢的地方就没有信任。"

例如,我们对火车站附近和旅游景点的伙食期待最好不要太高,因为他们并没有考虑用优良的服务吸引回头客。

当我们再见面再合作的时候,自然就会考虑长期的交往价值,就会对眼前的事情更加重视。这位专家合伙人暗示自己愿意为学校的学术以及学校的美誉度做出贡献,其实就是展示自己对学校的长期价值。

我们希望证明自己,但是忘记了自己需要证明的对象不是抽象的一群人,而是那些掌握话语权、能够为我们背书的一个个具体的人,他们可能是我们的领导、优秀的同事、行业的前辈……试着让这些人说我们靠谱,我们就会更加靠谱,拥有更多机会。

04

深度协同：
正确地与同事共享资源

隐形领导力：
不带团队，
你也不用一个人干

善于用非正式沟通求助，收获好关系

相信我们都能明白一个道理，当一支蜡烛点亮另一支蜡烛的时候，这支蜡烛不但毫无损失，反而能照亮整个房间。工作中也是这样，如果同事之间能够相互扶持、彼此帮助，我们的工作一定会更加愉快和高效。

但是现实中，我们似乎很少这样做，就像当我们在大街上跌倒了，很多人站起来的第一句话就是"我没事儿"，还要表现出一副若无其事的样子。其实，这个时候让身边的朋友扶自己一把挺好的，反而能拉近彼此之间的距离。

优秀的人与普通人的区别就在于，优秀的人往往善于表达出自己的困惑和难处，向身边的人去巧妙地求助，在化解自己困境的同时，还能让对方感到被需要、被重视、有价值。然而，很多人在工作中，并没有把同事当作自己的资源，不敢去求助，最终导致同事关系疏远，难以调动身边的同事，只能自己埋头苦干，费力不讨好。

　　美国著名音乐人阿曼达·帕尔默曾经为自己的新专辑众筹了120万美元。她也因此登上TED的讲台，演讲的题目是"请求的艺术"，这个演讲是2013年十大点击率最高的TED演讲之一。她还写了一部同名畅销书，书中她总结了我们不愿意求人的三个原因：

　　一是不好意思，难为情，如果被拒绝了，会很尴尬；

　　二是不想向人示弱，有人会觉得开口求助就等于承认了自己的失败；

　　三是觉得自己不配得到帮助、受之有愧，所以很难开口。

　　之所以出现这些原因，是在求助这件事的认知上出现了问题。

　　做一个小小的思想实验：让你去马路上向陌生人要50元钱，你能做到吗？相信很多人都不愿意去做。但是，如果让你把50元钱送给陌生人，你能做到吗？相信谁都能轻易做到。

　　我们不愿意求助，就是因为我们把求助和索取画上了等号，认为求助就是伸手找别人要东西，如果是这样的话，那么我们必然不愿意去求助。即使厚着脸皮去求助了，别人也

04 深度协同：正确地与同事共享资源

会感受到被索取，自然不会热心帮助我们。

但是事实上，求助本质上是一种交换行为，不仅如此，它还是一种隐蔽的、意义巨大的交换。求助并不是索取，而是要让被求助者看到我们的价值，不仅让他们通过帮助我们展示他们自己的价值，而且还能看到未来我们能为彼此创造更大的价值。当我们这样想并且这样做的时候，我们就会发自内心地去求助，才能求助成功。

如何让被求助者看到我们的价值，感受到我们是发自内心地求助呢？

首先，在保持体面的基础上做到谦卑有礼。我们作为求助者首先要保持体面，做到不卑不亢，保持谦卑有礼，以一种平等的姿态去沟通，试着唤起对方的理解和善意。

其次，唤起别人的同理心。很多人求助时总想唤起别人的同情心，但其实这样做收效甚微，我们需要唤起的是别人的同理心。

同情心和同理心是两回事。麻省理工学院管理学教授黄亚生，在FT中文网发表过一篇文章，分析了同情心和同理心两者的区别。总结起来，同情心是自上而下，对弱者的不幸产生的怜悯，是一种不平等的视角。而且同情心不一定带来友善的行动，往往会给对方带来压力。

同理心则是一种更加平等的换位思考，去感受别人的感受，同理心更容易引发对方的善意，让对方采取行动。

所以，要想获得别人的帮助，我们没必要刻意放低姿态，而要证明自己是可以和对方平等对话的朋友。

最后，告而不求，既不放低姿态，也不给对方压力。就像《红楼梦》里的刘姥姥，她就是"告之而不请求"的高手。刘姥姥到了荣国府里，是这样说的：两边本是亲戚，自从自家家道中落，没有好时机相互走动，刚好今年呢，因为庄稼收成不好，有了空闲的时间，专程过来见老太太。

刘姥姥这样表达，没有放低自己的姿态，不仅攀了交情，还说明了自己的困难，对方也能理解。最终，刘姥姥受到荣国府女眷的喜爱，满载而归。

我们在向人求助的时候，试着说明自己的现状和期待，往往能收获更好的结果。比如，可以这样说："我最近在忙着写公司新项目的方案，收获很多，但是挑战还是蛮大的，正想找些有经验的前辈请教呢。"这样说，就算对方当时没有能力帮助你，也会推荐靠谱的人，为你提供有价值的线索。

04 深度协同：正确地与同事共享资源

明白了求助需要保持平等的姿态，可以告而不求之外，关于求助的意义还有很重要的一点，那就是好关系是麻烦出来的，当两个人无话可说，也不知道怎么再开口的时候，关系也就走到了终点。反而平时来往多，总找彼此帮忙的朋友，关系一直不错。所以，有一个说法是——破坏一段关系最好的方式不是麻烦别人，而是老死不相往来。

我的一个大学同学，她每隔一段时间都会请教我一些简单的小问题，比如，让我推荐一些书，问问我对一些事情的看法……她就是个高情商的人，她用这种方式和我保持了良好的关系。每次她来北京的时候，我只要有时间就会去和她见面。但是那些长期不来往的同学，突然来北京就约我，我基本上是不会去的，这就是因为平时来往太少，缺乏了熟悉感，没有了情感的联系，自然也就没有了来往的动力。

我其实是一个比较内向的人，但除了努力工作之外，我还会主动地和自己的领导、同事偶尔周末约着一起出去吃饭聚餐，或者一起去骑行聊聊天，分享一些工作之外的观点和感受，请教一些问题。久而久之，我们的关系也变得越来越紧密，平时工作对接也更加顺利。也许这在你眼里是麻烦，在同事眼里却是热情，而这样的热情是朋友之间必不可少的。

　　同事是每天工作中打交道最多的人,我们都期待同事之间友善和睦,高效协作,那么最好的方法就是通过求助积极地影响对方。

皮格马利翁效应：
你从别人那里期望什么，就会得到什么

有一次我受邀参加一个线下活动，中场休息时，老师组织大家做一个小互动，让彼此陌生的学员们两两结对，面对面说出自己观察到的对方的三个优点。

说实话，这样的互动我做过好几次了，可以说是驾轻就熟。做完之后老师让学员们分享，讲讲发现别人优点以及被别人发现优点的感受，没想到现场有一个女孩子站起来非常激动地说，从来没有一个人当面说过她的优点，说着甚至哭了起来。

我们个人发展学会的职业精英研修班，有一位学员问了他的职业辅导师一个问题，她在县城一家公立医院上班，觉得自己的同事们都不怎么靠谱，有的人说话直来直去的，有的人做事情的时候太粗心，会漏掉工作中的一些基本动作。

总之，他们很少能把事情做到足够好，和这样的同事们共事，她每天心情都很糟糕，觉得压力很大，不知道该怎么办。

职业辅导师和她聊了聊，让她意识到，医院的工作压力本来就大，流程也比较复杂和琐碎，确实有同事工作粗心的问题，但更多是她对同事们要求太高，总是盯着同事们的错误，总觉得同事们都不行。

这两件事让我很有感慨，我们在工作和生活中，确实很少去发现别人的优点，总是习惯于盯着别人的不足和缺陷，为什么会这样呢？

墨尔本大学的积极心理学教授李·沃特斯在2017年出版了《优点转换》一书，这本书研究的是如何通过强化优点的方法，来帮助读者们成长。

李·沃特斯的研究告诉了我们，为什么人们总是会放大别人的缺点，抑制不住批评他人的冲动？原因就在于人类大脑的负面偏好。负面偏好其实是存在于人类社会中的一种很古老的生存机制，它把我们变成挑刺的人，把关注点放在对方错误的事情上。远古时期，一个错误可能就会让自己甚至整个部落送命，所以我们才会对错误如此在意，生怕别人的不靠谱影响我们，对别人的错误容忍度特别低。

04 深度协同：正确地与同事共享资源

李·沃特斯教授强调，到了今天，大部分错误对人们的威胁已经没有那么大了，但大脑的负面偏好仍然存在，我们仍然爱挑刺。所以我们千万不要被这种植入于人类大脑深处的负面偏见给带跑了。李·沃特斯说："负面偏好帮助我们生存，但优点能让我们蒸蒸日上。"

仔细想想，我们总盯着同事的缺点，轻易地指责同事、疏远同事，除了满足我们丁点儿的安全感，满足一下别人不如自己的虚荣心之外，意义不大。如果我们关注同事的优点，我们的心态会变得更加宽容和友善，在行为上也愿意和同事打交道，能够更好地影响同事。

如何发现并且用好同事的优点？首先，我们要明白到底什么是优点。优点是社会舆论对一个人某种特质的正向定性，这句话里有两个核心要素：个人特质和社会舆论。

第一，个人特质。每个人都有自己的特质，用好一个人的特质，就会形成优点。

我有一个朋友，被挖到一家公司做销售总监，入职后，他盘点了一下销售团队的全部成员，发现有一个员工的业绩一直很差，于是考虑是不是该开除他。开除他之前，朋友看了看他的销售简历，发现这个员工高考考了三次，就把他调去专门攻坚公司流失的那些大客户。结果不到半年，这个员工就追回了好几个客户，后来越来越自信，业绩越来越好，还成了销售冠军。

能够咬紧牙关高考三次，可见这个员工懂得隐忍、不达目的不罢休的特质，这样的特质无疑很适合去做那些有难度，需要相当时间去攻克的业务。这位朋友就是看到了一个人的特质，并且用在了正确的地方，让他拥有了自己的优点。

其实每个人都有自己的特质，外向的人往往沟通能力更强，在统筹方面的工作上会形成自己的优点；内向的人往往思维更缜密，在策划方面的工作上会形成自己的优点。事业心强的人，更愿意接受挑战；事业心弱的人，更能够按章办事。

每一个人的特质背后，其实都有自己的优点。我们可以通过发现特质，用好同事的优点。

第二，社会舆论。优点的存在是需要社会舆论认可的。

就好比说我觉得自己的优点是长得帅，绰号"朝阳区吴彦祖"，但是我说了不算数，必须要我周围的人都说我是"朝阳区吴彦祖"，这才能真正成为我的优点。

既然如此，那么我们就能通过制造舆论，为对方创造优点。

04 深度协同：正确地与同事共享资源 ◇

我有一个下属，平时工作不太爱思考，我也拿他没办法。为了调动他的积极性，我要求他每周在群里面分享至少三次自己的想法和建议。接着我就在开会的时候表扬他的这个行为，夸他特别爱思考，大家要多向他学习。后来他变得越来越积极，分享越来越多，思考越来越深入。

心理学中有一个皮格马利翁效应，这个理论由美国心理学家罗森塔尔提出。主要是说："你期望什么，你就会得到什么，你得到的不是你想要的，而是你期待的。"也就是说，我们的期待和影响，可以改变身边的人，让他们最终成为我们期待的样子。

对别人怀有最高的期望，帮助对方实现这个期待，是处理好彼此关系的好方法。当你对别人说他们很优秀，他们就会变得更好；当你用心发现别人的优点，你也会非常开心，并且最终他会拥有这样的优点。

所以如何用好同事的优点呢？很简单，给他一个你期待他能有的优点，哪怕现在他暂时没有也没关系。当然，除了提高期待之外，我们也要有意识地改善对待同事的态度和行为，让他感受到被高度期待，让他有信心，比如，可以通过简单的点头、微笑或拍肩，创造一个温暖的氛围。

同时，我们也可以给同事提供多样化、有难度的挑战，让他们有更多展示的机会，验证自己的优点。给他们积极的反馈时，最好能提出更详细、更个人化的反馈意见，而不只是一般的夸赞。这样持续一段时间以后，他就会真的拥有这项优点了。

我很喜欢一句话：你可以像你期待的那样生活。我们常常忽略了我们的主观意愿对这个世界的影响，当我们希望同事变得优秀并且帮助同事变得优秀时，同事们就能变得更加优秀。

打造自己的成就事件,让别人来"麻烦"你

我们常常期待自己能有贵人相助,会想如果能够有厉害的人物出手,自己的事业一定会大不一样。有这种想法很正常,我们都希望能够借助更强大的力量,帮助自己更快成功。

不过我们有没有想过,如果贵人真的出现了,他们会怎样帮助我们呢?是给我们一大笔钱,还是直接对我们委以重任?事实上,并不存在这样的贵人。所谓的贵人常常就是身边的人,而且贵人出现的方式也不是丢下500万就走,而是需要我们展示价值与他们交换。

就拿我自己来说,我算是遇到贵人比较多的了。高中的时候因为会跳街舞,被校外培训学校的老板看重,合作开班赚钱,还因此代表我们区到市里去比赛。大学的时候因为爱写东西,被老师看重一起做学术研究,因此写出了堪比研究生水平的论文。工作之后因为研发了一些课程,被喜马拉雅

的明星制作人看重合作课程，后来因此认识了刘Sir，参与创立个人发展学会。

所谓的贵人，并不是从天而降帮我们搞定麻烦的人。恰恰相反，贵人可能是在我们意料之外，给我们制造麻烦的人。为什么会这样？因为贵人不会莫名其妙地去帮助一个人，贵人是看到了我们的潜力，才给我们机会、来和我们合作，这才是贵人真正帮助我们的原因。

个人发展学会的职业精英研修班中有一位专家导师，他曾经是世界500强企业的销售冠军，他在大咖私房课里分享了一个观点：一个人优不优秀，就看身边的人愿不愿意来找他帮忙。越是优秀的人，越被大家需要，越有人主动来找他，而贵人就藏在这些主动来麻烦我们的人当中。我们需要做的事情就是，让更多人愿意来麻烦我们，然后在这些事情中选择真正属于自己的机会。

其实我比较反感所谓的经营人脉，到处混社群，到处收集名片，以为加了好友就真的是好友了。这些在我看来都是事倍功半的做法。与其去找贵人帮助我们，不如我们自己靠谱，让贵人来找我们。当然，让贵人来找我们，也绝对不是凭着酒香就把自己藏在巷子里。

04 深度协同：正确地与同事共享资源

这里我提出一个人际关系的照亮法则。想象一下，如果我们是一盏不会亮的路灯，那么就不会有人愿意靠近我们；但是当我们自己足够亮，能够照亮身边一大片道路，人们就会愿意从我们身边走过，我们就会有机会。所以，我们要做的就是让自己能够持续稳定地发光，照亮自己，吸引身边的贵人。

怎么让自己亮起来，让贵人来主动找我们呢？我们至少要做到以下三点：

第一，创造自己的成就事件。

沃顿商学院教授亚当·格兰特在《纽约时报》的专栏文章中分享过这样的观点：除非你已为这个世界带来价值，否则很难有接触到重要人物的机会。你已经取得的成就表明你有一些东西可以给予，而不仅仅是想要索取。

格兰特教授还以美国著名歌手贾斯汀·比伯为例，贾斯汀与歌手亚瑟小子签约后开始迅速走红，但之前他自学了唱歌，能熟练演奏四种乐器，在网上发布了一些自拍的视频，已经受到小范围的关注，才会被一位唱片行业的经理看到。

当我们的实力暂时有限的时候，可以创造一些能够证明自己的成就事件，来向身边的人释放自己能力突出而且积极上进的信号，这就是在照亮自己，以此来吸引更多人与我们协作。我们工作中能够创造的成就事件很多，比如，撰写文章分享自己的工作思考，制作工作手册，采访行业前辈，拿下公司的核心项目，甚至写出漂亮的年终总结，等等，都是能够展示自己的成就事件。

格兰特教授说："大人物会多么努力地支持你，为你冒多大风险，这取决于你所提供的东西。"我们并不需要成为社交达人，只需要让自己在某一方面有拿得出手的成绩，就会容易结识优秀的人，吸引更多的机会。

第二，修炼辅助技能。

除了创造成就事件，我们还可以修炼一些辅助技能，这些技能是吸引身边贵人来找我们的好方法。

我常常鼓励职场人学习一项实用的技能，比如，做PPT、视频剪辑，或者写文章、手绘，等等。让自己具备这些大众都需要的能力，就可以帮到身边优秀的人，让他们给自己更多机会。

大家千万不要小看这些技能对我们的意义，它们不仅能提升我们的学习能力，还能让我们轻易地和优秀的人协作，这是我们拓展人脉，展示高价值的好方法。

第三，成为串联者。

美国芝加哥大学教授罗纳德·博特提出了一个概念叫作结构洞，指的是社群的圈层与圈层之间有空隙，这个空隙就是结构洞。

简单来说，如果A认识B，B认识C，那么B就是A和C之间的结构洞。你占据的结构洞越多，你在人际关系网络中的重要性和影响力就越大，这样的人往往是最容易成为被求助的人。

我们每个人都会有自己的圈子，大多数人也喜欢待在自己熟悉的圈子里，圈子内部的沟通不仅安全而且高效。但是，圈子的弊端是，它封闭了信息和机会，会扼杀新机会和新资源。然而，多数人不愿意走出自己的圈子，可是又希望高效地获得圈子之外的信息，这就是结构洞的价值。

当身边的朋友说："今年暑假我特别忙，都没时间陪孩子了。"如果我们能够回应："我听说你们那片区的少年宫组建了少年足球队，没准儿你们孩子会感兴趣，我待会儿给你个联系人。"这个时候我们就充当了同事和社区组织间的串联者，当我们能够经常提供这样的信息，我们就能很快形成了解周边社区情况的口碑，大家就可能会主动来找我们咨询，因此就有了展示的机会。

总结起来,这三个方法都是让我们点亮自己吸引更多人注意,主动来"麻烦"我们的好方法。我们总说,好关系是麻烦出来的,其实,不仅我们要主动去麻烦别人,也要让别人愿意来麻烦我们,这是非常重要的建立信任、影响他人、收获好人缘的方法。

04 深度协同：正确地与同事共享资源 ◇

学会拒绝身边的负资源

我们要整合一切可以整合的资源为己所用，但是有没有无法整合的资源呢？当然有。

马云从企业管理的角度说过一句话，公司小的时候，重要的是怎么招人。公司大一点的时候，最重要的是怎么开人。他说自己成长的一个重要节点，就是在大年三十开除了一位高管。作为公司，不是每一个员工都是有效的资源，要及时清理无效资源；作为个人，同样不是每个同事都是有效的资源。

我们职业精英研修班的一位学员分享了她的困惑，她身边有个老同事脾气很古怪，工作中总是一副趾高气昂的样子，每天办公室的阴晴都是由她的心情好坏来决定——她不高兴的时候，就对同事们冷嘲热讽。此外，她还很不负责任，比如，别的部门和她对接工作，大家向她询问一些细节问题，她就非常不耐烦，一句"不知道"甩在那里，索性就不再回复了，搞得大家的工作无法继续。

遇到这样的同事，不要说调动他们为我们所用了，能不被他们影响到工作效率和心情就算不错了。

在管理学上，对资源有清晰的定义，什么是资源？人是资源，物是资源，名声也是资源，总之，我们身边的一切都是资源。我们常常把"资源"和"可以用的资源"画等号，然而资源本身是中性的，能为我们所用创造价值的是正资源；不能为我们所用，反而消耗我们的，就是负资源。

职场上有些人，就是负资源，和这样的人打交道就会很心累，很无奈。那么，这是一群怎样的人呢？

相信大家都遇到过这样的人，比如：自己的活干不好，最后让别人来收拾烂摊子的人；把自己职责范围内的事情甩给别人的人；在背后嚼舌根，搬弄是非的人；负能量爆表，把能怎样、那又如何、何必呢……这类话挂嘴上的人。

上面这些都只是表象，负资源的人都有一个特点，只要我们能看明白这一点，就能轻易识别出哪些是负资源的同事了——就是看一个人的自尊心状态——当一个人是低自尊的时候，大概率是负资源；当一个人是高自尊的时候，大概率是

04 深度协同：正确地与同事共享资源

正资源。

什么是自尊？自尊是指个体对自己的总体评价。当一个人对自己的总体评价偏低的时候，就不会在意别人对自己的观感，会做出各种损人利己的事情，比如抱怨、依赖、泄愤，等等。高自尊的人对自己的能力，还有自己存在的价值是高度认同的，从而呈现出自信的形象，会在乎自己在别人心中的形象，会选择与人合作，彼此共赢。

所以，识别一个人靠不靠谱最关键的就是看他对自己的评价以及是否在意别人对自己的评价。当一个人不在乎别人对自己的评价的时候，就是一个低自尊的负资源，我们要远离这样的同事。

怎么面对这样的同事呢？首先就是要敢于拒绝。工作中遇到低自尊的同事，当他们推诿自己的工作，越界干扰我们的工作的时候，我们很多人会很无奈，会这样思考：不想得罪他、不想伤和气、不想翻脸、再忍忍、算了吧。

这样的想法只会换来他们继续推卸责任，继续将各种工作甩给我们。很多人在工作中会成为不会拒绝的老好人，这是非常危险的做法，正确的做法是坚决说"不"。然后观察对方的反应。你会发现他们在被你果断拒绝之后，也不脸红，而是立刻扭头就走。因为他们都是低自尊的人,他们根本不会在意你的感受。

生活中,熟人或者朋友被我们拒绝之后,都会很耐心地听你讲几句话,因为他们需要一个解释。毕竟被拒绝总归是一件伤自尊的事情,他们在乎自己的形象,有了解释他们才能接受。这样的人才是高自尊的人,才是有价值的朋友。

怎么拒绝呢?我在职业精英研修班讲过一个知识点,教大家如何拒绝。拒绝前默念心法:我不是有求必应的人。然后说出口诀:这个我真的没时间啊!

除了果断拒绝这样的同事主动找上门来甩锅给我们,工作中难免要和这样的同事打交道,我们应该怎么应对呢?送给大家十六字锦囊:埋头业务,留下证据,小错补锅,大错捅破。

埋头业务指的是不管同事怎么样,我们要把自己参与的工作做好,奔着交付工作的结果去做事,哪怕同事各种不靠谱,我们也要积极推进工作。

"好未来"创始人张邦鑫非常重视一个价值观——手伸出百分之百,一切问题都能解决。他强调,在工作中每个人都

04 深度协同：正确地与同事共享资源

要有主动伸手的精神，正常情况下两个同事合作，每人伸出50%，合作就能达成。但实际上，工作中总会有人因为种种原因没有把手伸到位，优秀的员工就要多伸手，别人只伸手30%，我们就伸手70%；别人伸手0%，我们就伸手100%，问题就能解决。

这就需要你在工作中埋头业务，把事做对。

埋头业务是优秀职场人的基本素养，但是我们也要警惕，别做职场老黄牛，所以我们要留下证据。对于低自尊同事的一些指令以及承诺，一定要留下证据。自己干了什么，干得怎样，也要留下证据。这样才能保护好自己，展示自己。

我们有一位学员讲过她遇到的一件伤心事，她要做公司的季度总结，需要一位同事明确下一季度他们部门人员的招聘计划。她恰好在茶水间遇到那位同事，就直接问了，同事说下季度要招聘8个人。

做季度汇报的时候，大领导也在，看到这个数据就说，这个部门下季度为什么是8个人？应该是4个人才对。她正要说话时，没想到那位同事说我记得我说的就是4个人，怎么写成8个人了？她百口莫辩，大领导皱着的眉头说：这么基本的数据都搞不明白吗？她觉得很委屈。

◇ 隐形领导力：不带团队，你也不用一个人干

遇到说话不过脑子，事后还推卸责任的同事，确实很头疼。这个时候怎么办呢？方法很简单，那就是留下一切证据，通过邮件和微信发文字确认就能留下证据。和不靠谱的同事对接工作，一定要落于文字，做好确认，有必要的话，可以邮件给对方，明确工作的指令，工作内容和要求以及交付时间节点和交付方式等。

锦囊后面两句是小错补锅，大错捅破。

如果身边不靠谱的同事犯了小错误，我们落井下石看笑话，或者上纲上线去投诉，会让领导觉得我们缺少格局，在给团队添麻烦。这个时候我们主动和领导沟通，主动去做点什么弥补一下，会更加得体。但是也要记得，留下自己努力的证据，你要做的只是帮领导处理残局，绝对不要为低自尊的同事背锅。

如果你发现同事做了伤害部门利益，严重影响工作业绩，甚至违法乱纪的事情的话，就不要客气了。一定要大义凛然地报告给领导，更何况这种大错，知情不报也会连累到我们自己。

我们在工作中，要具备识别身边同事的能力，并不是每一个同事都是靠谱的战友，有些同事可能就是对自己评价偏

低，也不在乎别人对自己的评价，会做出各种损人利己的事情的人。这样的同事，就是我们身边的负资源，要学会拒绝，要懂得应对。

◇ 隐形领导力：不带团队，你也不用一个人干

谨慎选择对手，因为你会越来越像他

在面试的时候，我会问应聘者这样一个问题：就你所做的工作，你了解到行业里最厉害的人是谁？他是怎么做到的？

不要小看这个问题，如果对方回答不知道，那就说明他对自己的工作思考不多，更多只是埋头干活的执行者。如果对方能够回答出来，说明他对自己的工作有更高格局的认知，有更高的期待，对自己当下的不足以及未来的成长，都有自己的思考。这样的伙伴，当然值得重点关注。

我之所以会问这个问题，是因为我从一位投资大佬那里收获了这样一句话："要谨慎选择你的竞争对手，因为最后很可能你们会变得很像。"这句话告诉我们，我们需要去选择竞争对手，而且要谨慎选择，因为对手很可能决定了我们将来的样子。

很多人不理解什么是对手，认为我们应该与人为善，为什么需要对手呢？这是因为我们把对手和敌人混淆了，其实

04 深度协同：正确地与同事共享资源

他们是有本质区别的。

职业精英研修班有一位学员晓琪，在学习群里向我求助，她和同事菁菁一起进入公司，关系一直都很好，大家工作上也会互相帮忙。上个月领导跟她们两人都谈了话，说可能要从她们当中提一个组长。后来，菁菁就开始对她逐渐疏远起来，有时候还会在工作中故意挑她的刺，在同事面前说一些风凉话，明显是想打压她，晓琪很伤心。恰好最近菁菁在工作上犯了一个错误，下周领导会在部门会议上说这件事，晓琪在想，要不要趁机批判菁菁一番，让她从此无法翻身。

晓琪之所以会有这样的想法，原因就在于她把"对手"和"敌人"混为一谈了。敌人针对的是对方这个人本身，是以打击甚至消灭对方为目的。对手针对的是彼此共同的目标，是以达到自己的目标为目的。

菁菁因为工作上的一点失误，晓琪却要"让她从此无法翻身"，这个想法就把菁菁当成了自己的敌人，希望通过批判她，让她彻底失去和自己竞争组长的机会。然而，如果她真在会上批判菁菁，以后她们就会一直针锋相对下去，彻底给自己树立了一个敌人。

晓琪和菁菁只是晋升小组长的对手，晓琪要做的是让自己

◇ 隐形领导力：不带团队，你也不用一个人干

表现得比菁菁更适合做组长，这样更能实现自己的目标。她并不需要批判菁菁，甚至可以在会上这样说：菁菁的工作能力我们是有目共睹的，这次她的失误为大家积累了经验，对我们团队也是有价值的，以后我们齐心协力，会做得更好。

比起落井下石让领导意识到我们已经和菁菁有了难以调和的矛盾，这样说反而能让领导看到我们的格局更大，更适合做领导。

面对敌人，我们要消灭；而面对对手，我们就要去竞争和超越。很多人要么根本没有对手，要么一见到对手就把对方当作敌人，这些都是错误的做法。

亚马逊的创始人杰夫·贝佐斯说过一句话：不要管你的竞争对手在做什么，因为他们又不给你钱。贝佐斯真的不关心对手吗？当然不是，在亚马逊内部有个很有意思的部门，名字叫作竞争情报组。这个部门的主要工作就是在其他电商网站上大量购买商品，然后评测它们服务的质量和速度，比如：购物过程流畅吗？服务速度快吗？退换货容易吗？然后，这个小组会把体验写成报告，汇报给贝佐斯和一个高管团队组成的委员会。

简单来说，这个小组的任务就是研究竞争对手哪里做得

04 深度协同：正确地与同事共享资源

好，然后让核心高管针对这些制订计划。

每一个商业组织都会研究对手的做法，就像每一个军事组织都会有自己的假想敌，针对假想敌来进行军备和演习。因为当我们有了对手，我们才能进行比较，发现自己的特点和不足。我们才能通过研究对手的做法，推演适合自己的打法，让对手为我们探路。

站在个人的角度，我们也需要找到自己的对手，因为对手能成为我们的榜样，给我们动力。甚至有一种说法：决定我们高度的，是我们对手的高度。我们的格局取决于想要竞争和超越什么样的对手，这也是我为什么在面试的时候会问新人是否有自己了解的行业前辈，就是看一个人会不会给自己找一个对手。

其实除了行业前辈，我们能够找到的对手很多，包括身边优秀的同事，自己的领导，已经成功的大咖，或者自己感兴趣的名人，这些都可以是我们内心的对手。

我也有自己的对手，而且有很多，对手都是我想成为的那种人，比如，我在管理上希望能成为陈春花老师那样的学者；我在创业上希望成为刘Sir这样果决的行动派；我在生活上希望成为于谦老师那样纯粹而且快乐的人；在兴趣上我

◇ **隐形领导力**：不带团队，你也不用一个人干

希望成为"华与华"创始人华杉老师那样，在工作之余有自己的钻研，能写出《华杉讲透孙子兵法》这样高水平著作的企业家。

这些人都是我内心的对手，都是在某一方面，我希望去竞争和超越的人。重要的不是我能否真的超越他们，而是他们就是鲜活的榜样，能给我动力和方向。

我们每一个人都需要明确自己的对手。找到这样的对手之后，我们怎样让他们成为我们的资源，帮助我们成长呢？我有一个对手三部曲：全盘吸收，深入推演，巧妙迁移。

先说全盘吸收，这是最基础的一步。面对比我们厉害的对手，最忌讳的就是道听途说、以偏概全。全盘吸收就是了解一个人的全貌，读完有关他的采访、分析文章，看完他写的书、别人的介绍，等等，充分地了解对手。

我很认同任正非先生的一个观点："选择适合自己的来学，这是最差的学习方法"。道理很简单，别人是先进你是后进，后进如何判断先进身上哪个是对的哪个是错的？如何有能力选择那些对的来学习呢？如果一定要选择，后进一定会选择自己习惯的那些东西来学，而对后进来说应该学习的恰恰是他们不习惯甚至不喜欢的那些东西，所以一定要全面

04 深度协同：正确地与同事共享资源

吸收。

陈春花老师的书我都会读，包括她的公号也经常看，只要她有新书、新课面世，我就去深入了解。因为只有持续地深入了解，看到一个人的成长轨迹，才能了解一个人的全貌，真的学到精髓。

其次，是深入推演。去思考这个人为什么会这样做，不要单单地学对手的动作，而是要学对手的逻辑。华杉老师本人是做品牌营销咨询的，他为什么要写《华杉讲透孙子兵法》这样的书呢？刚开始我感到莫名其妙，后来才了解到，因为他希望做一家代表中国最高历史智慧的品牌营销公司，而中国的历史智慧就在国学当中，他要将华与华公司寄生在经典国学之上，于是他计划用近30年的时间依次写完《华杉讲透孙子兵法》《华杉讲透资治通鉴》《华杉讲透史记》等国学经典。

只有深入推演，才能明白他做事的逻辑，而不是依葫芦画瓢，看到他写讲透《孙子兵法》，我就写讲透《西游记》，这就是傻瓜式的模仿，是不会成功的。

明白了华杉老师的逻辑后，我需要做的就是持续在个人成长领域积累最新的认知与技巧，然后持续输出，做到每周写一篇文章，每年出一本书，打造自己在个人发展领域的品牌。

最后，是巧妙迁移。每个人都有自己的特质，有所处的时代和社会境遇，成功是不可能复制的，要想学习对手，一定不是照搬，而是巧妙地迁移。我们都知道于谦老师有很多爱好，比如，琢磨古玩，建自己的动物园。我们要想像他一样洒脱，是不是也要学习他的这些爱好呢？

当然不是，于谦老师真正值得我们学习的是他对一件事的好奇心和投入度，喜欢一件事就全情投入。这一点特质并不适合现在的我，因为现在我把大多数的时间都花在了工作上。但是我把这种纯粹带到了工作中，对如何写文章，如何给学员批改作业，如何做一对一咨询……我都有相当的好奇心和投入度，不断琢磨，让自己做到更好，这就是在迁移对手的品质为自己所用。

马云常说一句话：心中无敌，才能无敌于天下。马云眼里确实没有敌人，但是有很多对手，从当年的eBay，到现在的亚马逊。马云在接受美国三大新闻杂志之一的《新闻周刊》采访时，就表达出他对亚马逊的紧盯策略，亚马逊做云计算，阿里也做云计算；贝佐斯做航天，马云表示阿里也会涉足航天业。

马云就是在把亚马逊当作自己的对手。

学会寻找自己的对手,让对手成为自己的榜样,给自己动力。选择一个强有力的对手很重要,因为你会越来越像你的对手。

05

向上管理：
善于请领导帮忙的人更受重视

隐形领导力：
不带团队，
你也不用一个人干

05　向上管理：善于请领导帮忙的人更受重视 ◇

用教练型领导为自己升值

工作中，谁才是我们最应该去调动的资源呢？毫无疑问就是我们的领导了。然而，很多职场人非但没有把领导用起来，反而还习惯性地躲着领导。

躲着领导的理由很多，我来罗列一下：

内心害怕领导，不敢去打交道。

领导太忙，不想去麻烦领导。

工作挺简单的，自己就能做好。

找领导不就证明自己能力不行吗？还是自己搞定。

我的工作领导都看得见，有必要的话领导会来找我的。

领导不喜欢我。

我不喜欢领导。

找了领导也没用。

不知道为什么，就是不想去找他（她）。

◇ 隐形领导力：不带团队，你也不用一个人干

……

这些都是让我们在领导关系上选择被动的理由，可以想象，在这样的关系中，我们的工作十有八九是埋头苦干，得不到领导的支持和帮助，最终要么被边缘化，要么难以忍受选择离开。

全球知名的战略咨询和管理公司盖洛普在2015年做的一项调查中得出了一个数据，75%的员工离职原因是：没办法和自己的上司处理好关系。

由此可见，多数人在领导关系上都有踩坑的经历。这75%的员工都遇到了糟糕的领导吗？当然不是，可能是因为我们对领导关系的认知有偏差，导致我们和领导的关系疏远。

什么是领导关系？很多人认为，领导关系就是上下级关系，领导给我们安排工作，我们完成工作，不就是这样吗？

这样的想法在过去是对的，在组织架构明确、工作职责与要求清晰的时代里，我们可以埋头做好自己的工作，只需要向领导交付结果就好。在这样的环境中，领导就像我们的考官和裁判，领导出题，我们完成，然后领导考核，给我们评估绩效。

然而，现在这个时代，一切都发生了变化，工作职责

05　向上管理：善于请领导帮忙的人更受重视 ◇

与要求变得模糊，不仅我们，连领导也无法确定怎么做才是对的。在这样的环境下，领导不再是站在一旁只负责判罚的裁判，现在的领导更像是负责指挥、起到关键作用的教练，而我们就是球员，我们需要齐心协力才能实现共同的目标。

里德·霍夫曼是全球最大的职业社交网站领英（LinkedIn）的创始人之一，也是执行总裁。他在2015年出版了一本书叫作《联盟》，这本书就指出了这样的变化——过去，公司会强调自己是家，员工是家人，领导就是家长，但是这样的关系已经走到了终点。现在，公司和员工就像俱乐部和球员之间的关系，而领导就是教练。

会有这样的变化，一是因为时代变化太快，公司的兴替加快，员工不再相信自己有必要终生受雇于一家公司，所以领导也不再是一直照顾我们的家长。二是因为职场人更在意自己的幸福感和成就感，不再认同自己是需要被领导认可的孩子，反而领导应该是帮助我们成长的教练。

因此，员工和领导应该在共同的目标下，以相互信任、相互投资、共同受益的原则相处。

霍夫曼的发现很有洞见，我们不应该把领导当作家长或者教导主任，总是敬而远之，我们应该把领导当作我们的教练好好用起来。

教练应该是什么样子的？首先，教练和我们的目标是一致的，都希望拿到冠军，用成绩来证明自己。其次，教练应该了解我们的优劣势，能够给我们提供针对性而且长期的成长计划。最后，教练会给我们提供及时的反馈和建议，让我们付出高效的努力。

仔细想一想，如果你的领导真的像合格的教练一样指导你，你会不会早就努力工作，并且成绩斐然了。职场上我们可以期待遇上好领导，但不能把自己的将来寄托在遇到好领导身上。就像稍微成熟一点的学生都不会因为不喜欢某一个老师，而放弃某一科目的学习，遇到了不懂的问题，该问老师还是要问，没必要拿自己的前途去证明这确实是一个糟糕的老师。

即使现在的领导根本就没有扮演起教练的角色，也丝毫不影响我们把领导当作教练用起来。怎么用呢？其实并不复杂，就是做到两件事：目标一致，信息同步。

目标一致这一点非常重要，在《联盟》这本书里，霍夫曼介绍了自己作为老板是怎样和下属达成一致的目标的，对

05 向上管理：善于请领导帮忙的人更受重视

我们来说很有借鉴意义。霍夫曼会问员工，如果四年之后你选择离开这家公司，你希望自己是怎样的？他会引导员工说出自己的期待，明确四年之内员工希望做成什么样，四年之后变成什么样子。

与此同时，霍夫曼也会告诉他，如果他能在这四年里完成好本职工作，朝着自己期待的样子努力，公司也会非常愿意进一步帮助他取得四年后期待获得的成就。霍夫曼在和员工聊完之后，还会签署一份任期制的协议，明确员工和公司的期待和责任。

我们完全可以效仿霍夫曼的做法，试着思考一下，如果四年后你就会离开现在的公司，你希望自己是什么样子。比如：被什么样的公司挖走？能拿多少的薪水？完成了什么样的项目？具备了哪些能力？帮助公司创造了哪些价值？这其实就是我们的目标。我们可以拿着这个目标和领导好好谈一谈，将领导的目标和我们的目标结合起来，这样大家的目标就一致了。

其次，就是信息同步。我常常开玩笑说，很多职场人是一种猫系员工。大家知道猫是很高冷的，经常不给主人面子，猫系员工也是这样，他们喜欢说："我不是来跟人的，我是来做事的。"习惯于做好自己的事,很少表露自己的期待和诉求。

我们管理精英进阶班有一位学员曾问过我一个问题,过去她总是在领导面前表现出一副听话照做的样子,很少去主动争取一些机会,现在公司有竞争主管岗位的机会,要怎么跟领导开口呢?领导会不会觉得我表里不一,对我失望啊?我笑着说她就像一只盯着咸鱼,外表冷艳、内心火热的馋猫。

这就是平时和领导沟通太少,没有去及时同步信息、去表达自己的诉求导致的。改变的方法很简单,就是建立正式的和非正式的两种沟通渠道。正式的汇报,包括周报和周例会上的汇报。非正式的汇报,包括私下里的聊天,比如试着每周单独找领导聊聊天,或者一起吃个便饭等,多和领导聊聊自己的工作,自己的困惑,生活的压力以及接下来的打算。

职场上最可怕的事情就是我们不知道领导在想什么,领导也不知道我们在做什么。领导在怀疑我们的工作态度和能力,我们也在怀疑领导是不是对我们有偏见,猜来猜去,于是开始暗暗较劲。

05 向上管理：善于请领导帮忙的人更受重视 ◇

打破这一切的前提，首先就是改变我们对领导关系的认知，学会把领导当作教练，向领导表明自己的目标，工作中积极向领导同步信息。有实力的员工只要愿意和领导保持沟通，就可以有足够好的关系，也能获得足够的支持。

◇ 隐形领导力：不带团队，你也不用一个人干

表明合作意愿，成为领导的自己人

有一位叫阿旭的学员找到我们的职业辅导师倾诉。阿旭说自己工作六年了，家里刚刚迎来了新成员，责任变大了，特别希望能够通过自己的努力让家里人过得更好。工作中，他兢兢业业，本着简单做人，认真做事的原则，做好自己的工作，就是没有像其他的同事那样去和领导搞关系，领导对他也还满意。可六年里，领导却从来没有给他涨过工资，这让他感到非常苦恼，不知道为什么。

很多职场人都有和阿旭一样都遇到了相同的问题。我们认为做好自己的本职工作，用态度和能力证明自己，就会得到领导的赏识。然而现实是我们并没有得到更多的关注和支持，距离升职加薪也有点遥远。

很多职场人在领导关系上有三大错误认知，第一个错误认知就是"只要……就……"思维。我们从小到大一直都被

05　向上管理：善于请领导帮忙的人更受重视

这样的思维影响着，上学的时候老师告诉我们，只要考上大学就好了；读大学以后我们觉得只要找到一份好工作就好了；工作中觉得只要做好本职工作就好了。我们常常认为成功只需要做好一件事就够了，然而人生从来不是只要做对一两件事就足够的。

这个世界不是按照单一的因果逻辑发展的，现实世界的逻辑是"只有……才……"只有完成本职工作，才有可能获得领导的赏识；只有不断挑战更难的任务，才有可能实现能力的突破；只有不断拓展人脉，才能获得更多的机会。所以，任何时候我们都不能认为自己做好一件事就够了。

职场人的第二个错误认知，就是以为领导可以看到我们付出的努力与工作成绩。

其实所有的工作都可以分为两类：一类是射击型工作，另一类是拳击型工作。

射击型工作就像射击比赛一样，子弹射出去，打中了几环结果就是几环，一目了然，这种工作最典型的就是销售工作。销售的工作成绩非常明确，就是你的销售额，大家有目共睹。然而这样的工作其实是少数，更多的工作是拳击比赛型的。就像拳击比赛一样，除非你可以把对手一拳打趴下，

◇ 隐形领导力：不带团队，你也不用一个人干

否则通常都得和对手纠缠在一起，难分出胜负，这就需要裁判评分才能得出最终的结果。像运营、市场、策划、广告、培训等相关的工作，都是没有清晰的结果，需要领导来考核才能进行评判，而这样的考核本身也是难有客观和精确的标准。

不信我们做一个简单的思想实验，想想你身边的同事，你觉得他工作努力吗？业绩突出吗？只要他不是销售类型的岗位，你很可能会觉得他好像整天也没干啥。为什么会这样？因为我们没有客观的标准去评价。

所以我们真的不能期待领导知道我们付出了多少努力、干出了多少成绩，领导自己也没有客观的标准去评估和考核。

多数职场人还有第三个错误认知，就是认为领导对下属是一视同仁的，每个人的机会都一样，所以不需要去争取什么，主动争取是一种献殷勤的多余动作。

在管理学中有这样一个非常重要的理论，叫作领导－成员交换理论（Leader-member exchange），简称LMX理论。它是由乔治·格里奥在1976年提出的，这个理论的核心是：

· 领导者对待下属的方式是有差别的。

· 领导者会和一小部分与自己互动较多的下属构建高质

05 向上管理：善于请领导帮忙的人更受重视

量的交换关系，和大部分互动较少的下属构建低质量的交换关系。

也就是说领导会在自己的下属中发展一小部分人，成为自己的亲信，这些亲信会获得领导更多的关注和资源。基于这个理论，我在个人发展学会的管理精英进阶班专门提出了管理下属的三圈理论，管理者要在制度允许和基本公平的前提下，将自己的下属分为：内圈、边圈、外圈。

内圈是自己的亲信，边圈是能干活的帮手，外圈是随时可以替代的短工。

为什么要这样？因为领导者的时间和精力是有限的，不可能关注所有下属。从管理效率上来讲，管理者一定是通过影响关键下属来影响整个团队。从人心士气上来讲，那些积极主动的下属就应该获得更多的关注，这样才能起到激励和榜样的作用。总之，领导者会把更多的精力放在自己内圈的下属身上。

明白了领导关系的这三大错误认知，我们就能明白，处理领导关系，不仅是靠自己的能力与业绩，一定要积极地和领导靠近，多去与领导交换。也就是我们提供时间、耐心、能力，去换取领导的资源。那我们应该怎么做呢？

第一,要永远比领导主动。

刘慈欣在小说《三体》中描述了宇宙中两个陌生文明的猜疑链,因为我担心你黑我,你担心我黑你,最后两个人都选择先对对方开一枪,于是战争就无法避免。上下级关系中普遍存在这样的猜疑链——某天我们开会迟到了,领导觉得我们工作态度是不是不好;会议结束后给我们加了点工作量,我们心里不爽,于是工作开始拖延,领导更加觉得我们能力不行……一来二去就开始相看两厌了,这就是猜疑链。

打破猜疑链的唯一方法就是积极沟通,我们要做到一点,主动靠近领导。

第二,学会交"投名状"。

如果我们目前还不是领导的亲信,甚至我们和领导已经有了些隔阂,打破这种隔阂的好方法就是"投名状"。这个词来自《水浒传》,林冲走投无路,想要入伙梁山,当时的领导王伦怕他三心二意,就要求他下山去劫道杀人,如此才不再怀疑他。

"投名状"的作用是"明我的志,安你的心"。

现在的职场上,需要交"投名状"表决心的场合比比皆是,而表决心最好的方式就是挺身而出,去做一些更有挑战

05 向上管理：善于请领导帮忙的人更受重视

的工作，帮助领导解决麻烦。

我们有一位学员阿豪，他的直属领导升职去了分公司做一把手，公司不允许领导从原部门带走任何人，阿豪很想跟他过去，最后也没成功。新来的领导没比阿豪大多少，上任之后很冷落阿豪，宁可把一些重要的事交给水平不太高的同事也不给他。阿豪告诉我，他对新领导也有些了解，对他还是很佩服的，但是没想到关系会处成这样，很苦恼，甚至在考虑要不要辞职。

我告诉阿豪，其实不用心急，找一个机会交一次"投名状"就好。不久后新领导负责的一个大项目遇到了问题，他因为和跨部门的领导不熟，很多事情都难以推进，而这些过去都是阿豪在负责。新领导在会议上批评对接的同事，会议后，阿豪找到新领导，表示自己可以做好这件事，保证完成任务。新领导刚开始有些怀疑，最后阿豪果然完成得很好，最终项目也很成功。新领导在团队庆功宴上，激动地和阿豪喝酒，说："你这朋友我交定了"。后来阿豪顺利地成了部门的二把手。

在领导关系上，保持生活上的关心就好，更重要的是工作上的积极主动、相互配合。其实，只要我们细心观察，领导一定会在开会或者私下表达过自己对某些事情的不满,而这些都是在领导眼里觉得重要,但是大家一致没有做好的事情,而这些事情就是我们表决心的好机会。

最后我想说,职场上没有什么三顾茅庐,最多的是毛遂自荐,我们要主动向领导展示自己合作的意愿,这也是有上进心的表现。

做好这三点,离职也能和领导做朋友

有一位朋友向我提问,他说自己的直属领导没什么上进心,心思不在工作上,请示一些事情也不拿主意,常常能拖就拖,让她特别苦恼。

还有一位朋友跟我抱怨说,领导整天都只关心不许迟到、桌面干净、用心写周报这些小事,项目中真的遇到困难去反馈,领导却常常拍着脑门发号施令,让团队的努力总是收效甚微,大家都被弄得苦不堪言。

也许我们的领导还没有这么不靠谱,但是不得不说,我们在职场上,经常会遇到这些要么态度有问题,要么能力有问题的领导。有时候也可能不是领导的问题,而是我们自己心高气傲,总盯着领导的缺点,觉得领导也没什么能耐,内心瞧不上自己的领导,于是选择敬而远之,最终疏远自己的领导,不愿意把他们当作有效的资源用起来。

然而，这种因为领导的工作态度和能力或者自己心态的问题而疏远领导的做法，对我们有害无益。为什么这么说呢？

首先，我们不能期待自己的领导有多么上进、多么厉害，确实有领导"抛家弃子"，把很多时间放到工作上，在事业上勇猛精进，想要做出更大的事业。

还有另一种更普遍的情况：人到中年，父母健在、夫妻关系和睦、孩子读小学，家庭的压力比较小，人生处在一种相对稳定的状态。于是，逐渐失去了事业上的野心，没那么大的动力提升自己。对工作的兴趣已经被其他的兴趣取代，比如，钓鱼、摄影、搞国学、锻炼……其实这才是多数中年领导的生活常态。

也许，年轻的你看不上这样没上进心的"中年油腻"领导，但这些都不是你鄙夷领导、疏远领导的理由。他年轻时也许比你更努力，和老板结下了深厚的友谊，也许他还有你看不到的背景和人脉关系。总之，直属领导是你最大的资源，而且还是最有可能帮你的人，疏远领导只会让我们和领导暗暗较劲，失去一大助力。

强调不要瞧不上自己的领导，就是让大家学会把领导当

05 向上管理：善于请领导帮忙的人更受重视

作资源用起来。领导到底有哪些资源呢？其实，每一个领导都有三大资源可以被我们用起来：权威、经验、人脉。

首先是权威，只要是领导，就会有一定的权威。

讲一个有趣的小故事，据说华为有一位保安入职非常早，工号排名在前一百位，很多知道这个内幕的老员工在自己主导的项目中，发邮件时会抄送一份给这个保安。很多收到邮件的新员工一看这么大的领导也关注了这个项目，于是都不敢怠慢，干得特别认真。

相信我们也有这样的经历，只要是领导参与的或者重视的项目，我们总会更认真一些，这就是领导权威产生的作用。

借用领导权威的方法就是让领导参与到我们的工作中来，让领导多提些意见，并且向身边配合自己的同事分享领导的意见。如果你是产品经理，可以对设计这么说："昨天张总给我们项目提了一个很好的意见，咱们一起把项目做好吧。"只是简单的一句话，就能让我们的项目受到更多的关注，何乐而不为呢？

这里需要注意一点，借用领导的权威需要把握好分寸，不要拿领导来压人，这是职场上的忌讳。比如，"张总让你配合我把这个项目做好，希望你配合"，这样说话有点仗势欺人,同事会很反感。换一个说法就好:"张总说你特别靠谱,这个项目他很重视,我们一起好好配合吧!"

领导的第二个资源就是领导的经验。

既然是领导,在经验上就会相对比我们丰富,格局比我们更高,掌握的信息比我们更多,能调动的资源也更多,我们完全可以撬动这样的资源。

我常常会强调一个"事前请示,事中同步,事后确认"的高效工作法。当我们工作中遇到问题,在负起责任、认真思考的同时,提前请示领导;完成的过程中及时和领导同步信息;完成之后确认领导的看法,这些都是借用领导经验,让我们工作起来事半功倍的方法。

在用好领导的经验时要注意两点:第一,不要给领导话题作文,而要给领导命题作文。

什么是话题作文?你写了一个方案发给领导,说:"张总,希望您提提意见。"这就是话题作文,领导不知道说什么,因为方案能提的意见太多了,从标题到结构,从观点到标点符号,这些全能说出意见,领导碍于情面可能说了一堆,但不是你想要的,结果自然不会好。

给命题作文的方法就是说:"领导,方案我写好了,感觉

05 向上管理：善于请领导帮忙的人更受重视

其中的营销方案我没有太大的信心，我罗列了几个，您多指点。"这就是让领导做命题作文，我们就能收获具体的经验。

第二，要给领导积极的反馈。大多数领导都愿意教下属做事，因为教会你，他也会轻松。但是没有人愿意教一个笨徒弟，徒弟的正向反馈越大，师傅越愿意倾囊相授。如果我们请领导推荐一些书，我们要用心读完，再去找领导聊聊自己的读书心得。领导指导了我们的项目，项目完成之后，就要向领导表达自己的收获和感谢。有始有终，这样会更好地拉近与领导的距离，获得更多的帮助。

有效的沟通，能够省去无效的努力，尤其是多和领导沟通，获得领导的经验，是让我们少走弯路、高效工作的方法。

领导的第三个资源就是人脉。领导在他的位置上，必然处在一个复杂的关系网中，包括跨部门同事、客户、友商、大老板等都在这个关系网中，所以这对于我们来说，是个大宝藏，疏远领导，就是拒绝这块宝藏。

我曾经有一个学生娇娇，她即将毕业找工作，因为学历不太高，好不容易找到了一份实习工作，三个月实习结束需要考核后才能转正。实习期间，她把领导当作资源，多琢磨，多请示，多反馈，工作完成得还算不错，可惜后来还是因为学历门槛没有转正。为此，娇娇很灰心，马上就要毕业了，自己却还没找到工作。

我给她支了一招，去找领导帮忙。她写了一份实习总结发给领导，记录自己这段时间的成长经历，领导看后很感动，发朋友圈说这是她带过最好的实习生之一，可惜没有留下来，问谁愿意收这个有潜质的徒弟。后来，领导的朋友纷纷来要娇娇的简历，娇娇很快就找到了工作。

是的，领导的人脉，我们是可以借用的——让领导为我们背书，通过领导认识更多的人。我的很多行业前辈和一些优秀的合作伙伴，都是通过领导的介绍认识的，所以一定要用好领导的人脉。

怎么用好领导的人脉资源呢？我们可以先了解领导的履历，梳理出领导的职业脉络，以此知道领导可能拥有的人脉，然后再去和领导沟通，向领导求助。

我们作为下属，对于领导其实没有太多的选择，所以我们没必要去苛责自己的领导，而是要让自己成为积极向上的下属，在完成本职工作的前提下，主动靠近领导，获得领导的信任，用好领导的资源。

领导是我们的资源，我们更是领导的资源，好的领导关系，我觉得是六个字——背靠背，永相随。下属不怕累，努力提升自己为领导效力，领导有格局有抱负，在实现组织目标的同时，成就下属。上下级彼此配合，背靠背共同成长。

永相随不是说上下级要永远一起工作，而是交情常在，下属总有一天会有自己的一番天地，能够离职后还是朋友的上下级关系，才是真正健康的好关系。

◇ 隐形领导力：不带团队，你也不用一个人干

遇见糟糕的领导，要不要忍？

你可能会问，所有的领导都能成为我们的资源吗？我觉得我的领导真的很差劲该怎么办呢？这就需要我们具备区分领导好坏的能力，领导分为三种：优秀的领导、及格的领导和糟糕的领导。

我们来看看职业精英研修班学员晓倩的领导是怎样的。晓倩工作两年了，属于核心业务部门，但是直属领导不懂业务，而且特别喜欢挑事儿，常常在一些同事面前说另一些同事的坏话，大家都感觉特别难受。晓倩因为比较内向，平时话不多，总是被领导找茬批评，说晓倩高冷、不合群。虽然领导也夸晓倩工作能力强，还给她涨薪，但是因为各种莫名其妙的小事被批评，让晓倩觉得很憋屈，经常有想辞职的冲动。

晓倩的领导是糟糕的领导吗？她的领导肯定算不上优秀。领导在一个下属面前说其他下属的坏话，是对自己的能力不

05 向上管理：善于请领导帮忙的人更受重视 ◇

自信，想讨好下属，拉近关系。找茬批评下属，是希望维护自己的权威，害怕下属不服管理——这些都是领导的管理能力不足导致的。但能力不足的领导，还算不上糟糕的领导。领导愿意和下属单独沟通，能肯定晓倩的能力，主动给她涨薪，这些都是在乎下属，会照顾下属的利益和感受的做法，就凭这一点，晓倩的领导算是及格的。

什么样的领导是糟糕的领导？认准两个最关键的"防伪标签"：第一，是否损害我们的合理利益；第二，领导在性格上是否有明显的缺陷。

再讲一个小故事，主角还是我们职业精英研修班的学员。她是做人力资源管理的工作的，公司总部鼓励其部门员工去参加学习，还拨了10万元的学习经费，但是她的经理偷偷把这10万元退给了总公司，说部门不需要学习。

公司总部的财务部门觉得很奇怪，打电话来核实的时候，员工们才知道有这么一件事。原来，人力资源部门对经理有一个重要的考核指标，就是这个部门的花销越少，其考核绩效就越高——为了自己的绩效，这位经理牺牲了下属的学习机会。

虽然这位人力资源经理为部门节省了一笔花销，但是她依然是个糟糕的领导——糟糕领导的第一条，就是损害下属的合理利益。

你的领导也许对你非常严格，让你加班，让你返工，还当众大声批评你所犯的错误，但是这样的领导其实是好领导。比如，电视剧《亮剑》里的李云龙，他就会骂下属，会让士兵用真刀真枪训练，哪怕受伤流血也要这么练，因为他说："我宁愿他们在训练时受伤，也不愿他们打仗时送命。"这样的领导的确严苛，却是为下属好，无疑是合格的领导。

你觉得薪水太低，希望加工资领导没答应；你好不容易去见女朋友的家长，领导非让你临时加班；你想休年假，领导拒绝。这都是个人的合理诉求没有被满足，这样的领导就是糟糕的领导。但是，如果加班是因为项目到了关键时期，做好项目后领导不会吝啬该有的奖金，这就是合格的领导。

如果领导在性格上有明显的缺陷，也是糟糕的领导。其常见的缺陷有三种：不遵守承诺，贬低下属的人格，强迫下属做不属于其工作职责范围内的事情。

承诺的事情没有做到——比如承诺的薪资和奖金，承诺的假期、培训等，最终没有兑现的领导，十之八九都是糟糕的领导。

05　向上管理：善于请领导帮忙的人更受重视 ◇

我有一位老师给我讲过她的一个故事。1995年，她大学毕业后去了广东的一家民营企业工作，职务是老板的秘书。那个年代，大学生去民企算是很新鲜的事。有一天她在办公室做着秘书的琐碎工作，而老板却抽着烟，喝着茶，跷着二郎腿。

就在她埋头工作之际，老板突然说了这么一句话："我一天挣的，比你一年都多。"这位老师当时觉得莫名其妙，而且有种被鄙视的感觉，她回了一句："是啊，你是钱多，可是你很累，我不想要你这样的生活。"

这家企业的老板小学都没毕业，她感受到了这位老板的自卑以及对下属的不屑。后来，老师决然离开了这家公司。而没过几年，这家公司就倒闭了。

领导即便本身能力有限，我们也可以在熟悉了行业情况，并在团队中积累一定经验后再走。领导能力强，但是对下属苛刻，没有人情味，也不关心我们的收入和将来，我们可以坚持坚持，从他身上学到东西，跟着团队上一个台阶后再走。

现实职场中，能够不损害我们的合理利益，没有明显的性格缺陷的领导，已经是不错的领导了。我们可把领导当作资源用起来，学会从自己职业发展的长远角度考虑，积攒实力、经验和人脉,然后再考虑远走高飞。

如果领导实在是太糟糕,那么我们也就不需要再忍了,不懂离开一个糟糕的领导,就是在纵容坏人伤害自己。不要想着向谁证明什么,考虑自己的实际利益才是正解,尽快离开就好。

我在职业精英研修班讲过一个最基本的职业发展原理,就是"要追不要逃"。一定要去追逐更好的选择,而不是被情绪侵染,不管不顾,只想尽快逃离。

决定离开前,最好想清楚以下两个问题,并且做出相应的努力:

第一,离开领导是为了更好的发展机会,还是对领导的厌恶?

如果是前者,我们做好离职的准备就好;如果是后者,可以尝试向大领导提出是否有调岗的可能,并且权衡这样的机会是否适合自己。为一个糟糕的领导而离开自己熟悉的公司,成本还是有些高的,要给自己更多的选择。

第二,辞职之后能否找到更好的工作?

很多因为糟糕领导而决定辞职的职场人都会被情绪影响,觉得自己不想再工作了,于是没有耐心去找下一份工作,憋

05　向上管理：善于请领导帮忙的人更受重视

着一肚子气只想裸辞，然后休息一段时间后再慢慢找工作。如果你能力突出，资源较多，有大把工作机会等着你，当然可以这样选择。然而，如果你身处基层，或者机会有限，还需要海投简历找工作，就要非常慎重了。

因为一旦辞职，开始找下一份工作时，经历了几次面试，我们都会被焦虑和挫败的情绪感染，加上一定的经济压力，很容易在焦虑中轻率地选择一份工作，可能又掉进了另一个坑。可以考虑清楚辞职的时间，提前完善简历，先试着投一投，对比、衡量当下的岗位资源和自己的职业水平，做到有的放矢，然后再制订计划。

06

利益结合部：
如何带一群人完成艰难的任务

◇

隐形领导力：
不带团队，
你也不用一个人干

06 利益结合部:如何带一群人完成艰难的任务 ◇

找到和领导的利益结合部

我们一起来思考几个有趣的问题,《西游记》里为什么孙悟空和唐僧总是闹矛盾?唐僧甚至还将孙悟空赶出了取经队伍呢?唐僧是得道高僧,也是团队的领导者。孙悟空责任心强,是团队的业务骨干。他们目标一致,都想取得真经,但是为什么关系一度如此紧张呢?

这些问题的背后,有一个洞察领导关系的钥匙,叫作利益结合部,利益结合部是我们撬动领导关系,获得领导支持的关键。什么是利益结合部呢?我们先来分析一下唐僧和孙悟空这对上下级各自的利益。

取经路上,在唐僧眼里重要事情由高到低的排序是:保持佛门清规戒律、完成西天取经任务、维护取经团队的团结。孙悟空眼里重要事情由高到低的排序是:降妖除魔保唐僧安全、完成西天取经任务、维护取经团队的团结。

◇ 隐形领导力：不带团队，你也不用一个人干

孙悟空是齐天大圣，观世音派他保护唐僧，降妖除魔是他最重要的任务。唐僧是佛门高僧，保持清规戒律是第一原则。结果他们遇到白骨精化身的"老百姓"，孙悟空看到的是狡猾的妖怪，唐僧看到的是孙悟空滥杀无辜，于是两个人产生了矛盾，最终激化。孙悟空和唐僧都是好人，但是他们各自的利益有重合的地方，也有不一致的地方。

所谓利益结合部，就是人与人之间存在的利益重叠。重叠的利益，是我们合作的基础；不重叠的利益，是矛盾的根源。明白了这一点，要想处理好领导关系，就要掌握识别领导利益，在彼此的利益结合部中思考行动的方法。

我们职业精英研修班有一位学员最近很苦恼，他在一家银行干了四年，从基层升到了主管，他的成长除了自己任劳任怨，和领导的栽培也分不开。领导和他在同一所大学毕业，还是老乡，对他一直照顾有加。前不久公司有一个调岗的机会，正好他要结婚了，就希望调回市区。各方面的关系都疏通好了，本想着以自己和领导的关系，领导肯定是会帮助他的，可是没想到刚跟领导开口，领导就说不同意，让他再等等。他特别失望和气愤，不知道该怎么办了。

我们用利益结合部的视角来分析，他和领导之间，其实

06 利益结合部:如何带一群人完成艰难的任务

是在利益结合部的基础上,相互投资。领导把他当作骨干,需要他好好工作创造业绩;他把领导当作资源,让自己更快提升。可是现在学员要离开,就是只站在自己的角度,考虑自己的利益。领导站在自己的角度,当然是不希望自己手下少一个能手,于是他们的利益自然就有了分歧,领导当然不同意让他离开了。

我们大多数职场人之所以和领导关系紧张,被领导疏远,根本原因就是忽略了领导的利益,只站在自己的角度思考问题和行动,自然就会和领导产生冲突。

领导有哪些利益呢?我们很容易认为领导的利益当然是希望我们埋头干活,创造更大的工作业绩,然而事实上领导会关心的利益有两个:工作业绩和个人权威。

工作业绩是我们和领导之间最基本的共同利益,如果手头的工作都做不好,会让领导费心指导和填坑,甚至会拖累整个团队,影响团队士气,领导嫌弃都还来不及,怎么会给予我们更多的信任和支持?我常常开玩笑说,职场人要"先亮拳头,再做兄弟",展示了实力、能干好工作,才有资格和领导谈交情。

当有人来向我抱怨自己和领导关系不佳的时候,我首先问的第一个问题是，你觉得自己的工作能力是同事中最强的吗？你的判断依据是什么呢？我们不但高估了自己的工作表现，而且多数人连手头上的工作都没有做到令人满意，就开始期待领导关注自己，给自己更多的机会，这样做只会让自己和领导的关系更加疏远。所以，具备完成基本职责的能力，让领导不为自己的工作操心，是积极影响领导最基本的要求。

除了具备完成自己工作的能力，很多人忘了领导还有一个非常在乎的利益，那就是个人的权威。太多职场人都认为我干好自己的事情就行了，认为在职场上有话直说就好，何必要捧着自己的领导呢？甚至和领导顶撞都觉得无所谓。

我还在原来公司的时候，有一次加班到很晚，实在累了，就在会议室的沙发上打盹，突然隔壁会议室吵了起来，是某部门主管和下属发生了冲突。其实是对业务的看法有分歧，很快下属就开始了对领导的人身攻击，说这个新来不到三个月的主管的水平很差。主管一直保持克制，在努力解释他的用意，争吵了一会他们就停止了。

我在会议室里一动不动，一直到听见他们先后刷卡下班

06 利益结合部：如何带一群人完成艰难的任务

离开后我才出来，发现当时只有我们三个人。

我之所以不想让他们知道有人听见他们的争吵，是明白如果主管看到有人在，他会对这件事的性质认定发生改变。下属指责上级能力差，是非常伤害领导自尊和权威的事情，如果旁边还有人在的话，领导会担心事情传扬出去后，自己对团队的掌控力因此被破坏，会对这名下属更加恼羞成怒，甚至有可能通过报复这名下属来重建权威。

公司其实和军队一样都是有层级的组织，组织要想运转，必然要上传下达，做到令行禁止，这些就需要上级具备相当的权威。因此，在部队里，违背上级命令、顶撞上级，在一些极端情况下，是可以当场就枪毙的罪行。想想看，如果领导开会的时候，拿出一个方案，大家全是批评和质疑，那还能有方案被执行吗？所以，领导的个人权威是一个成熟的职场人一定要懂得去维护的，因为任何一个领导都会在乎这个。

维护领导个人权威的方法其实很简单，就是公开支持，私下批评。在公开场合，始终要表达对领导的支持，即使你内心有意见，即使意见再正确，也要私下沟通。慢慢地，你就会发现，私下指出领导的缺点和不足越深刻，两个人关系便会越好。而公开场合则完全相反，越是公开场合说领导的不足，提出各种建议，往往和领导关系越疏远。可惜，很多人常常图一时爽快当面怼领导，结果自然不会得到领导的信任和赏识。

有一次我们开会，一个中层领导带着下属一起，领导正在做重要的汇报，突然，其他部门的负责人说他们部门的数据有问题，领导当时就呆住了，被大领导一顿猛批。这个时候那名下属插话说："昨天领导正好布置了这个工作，现在我给几位领导汇报一下情况。"

下属知道这个数据其实没有问题，领导只是对数据不熟，一下没有反应过来。于是她挺身而出，让领导有缓冲的时间，可以了解具体的情况，做好应对的准备。没过一会儿，领导就接过了话，两人完美配合化解了这次的危机。

这就是懂得站在领导利益角度，维护领导个人权威的聪明下属。据我所知，后来这位领导对这名下属栽培有加，两个人的职业发展都非常顺利。

职场上最重要的关系就是与领导的关系。领导是离我们最近，掌握最多信息和资源的人，所以一定要拉近和领导的距离，获得领导的支持，把领导的资源变成我们的资源用起

06 利益结合部：如何带一群人完成艰难的任务 ◇

来。而这一切的前提是我们站在了自己和领导的利益结合部，做好了自己的工作，照顾了领导的权威，我们才能和领导共赢。

◇ 隐形领导力：不带团队，你也不用一个人干

联盟：让一部分同事成为你的终身好友

工作中同事间需要配合的小事更多，比如，一个数据、一个文件、一项通知，甚至是一篇文章的标题需要征询意见，让大家投票，等等。这看似是一些小事，但要明白：让同事或者领导愿意帮助我们的关键，就是要让他们对我们有些感情。

分享一个金牌销售的秘诀。当有客人进店的时候，一般的销售人员会直接迎上去询问客户要什么，这时大多数客人的态度会比较冷淡，甚至有点儿抗拒销售人员。而金牌销售却不一样，他会装作正忙，拿着一件衣服，要放回到货架上，并且故意和客户擦肩而过，路过的时候对着客户微笑一下打个招呼。在把衣服放好之后，再去对这个刚刚打过招呼的客户直接说："怎么样？您需要什么？"显得彼此已经很熟悉的样子。这个时候，绝大多数客户都会和他愉快地沟通。

06　利益结合部：如何带一群人完成艰难的任务 ◇

这是为什么呢？因为这个金牌销售已经通过设计一次"偶遇"，和客户不再是陌生人的关系，客户潜意识里已经把他当做作朋友了。

这就是在释放一种隐形的影响力，故意制造一次相遇，打个招呼，让彼此有熟悉感，留下好印象，在彼此之间"储值"一份感情，为接下来的沟通做好准备。

这个方法我们学得来吗？其实很容易学，如果我们想要拉近和同事甚至和领导之间的关系，让他们在工作中对我们更加友好，更愿意帮助我们，我们就可以用这个方法，这个方法就叫作亲密暗示。

亲密暗示指的是当我们想拉近和别人关系的时候，我们要主动做一些更亲密关系状态下才会去做的事情，这样才能进一步拉近彼此的关系。那么，我们在工作中如何用好亲密暗示呢？我们可以把同事关系分为三种状态：陌生人、熟人和好友。

要想和同事们建立更好的感情，就是把陌生人当作熟人，把熟人当作好友。这样做才能拉近彼此的距离，"储值"有效的感情，以后工作中需要彼此配合的时候，对方就会更加积极了。

首先是学会把陌生人变成熟人。这是虽然简单，但很多人难以逾越的一步，那就是学会跟陌生的同事甚至领导，主动打招呼并且能闲聊。

假设你在电梯里遇到了隔壁部门的新同事，你们相互看了一眼，但是你没有和他打招呼，这位同事也看到了你，他和你一样装作不认识，这时你们其实是把关系维持在了陌生人的状态。

如果第二天你恰好要去他们部门办事，需要他们部门同事帮忙，这个时候你一定会回避这位同事，因为你们内心有种心照不宣的尴尬。可是如果当时在电梯里，你主动打招呼，像熟人一样简单聊几句，就是把关系从陌生人推进到了熟人，你再去他们部门，他自然会更加热情，更会主动帮助你。

亲密暗示就是要在陌生人的状态下，做熟人状态中会做的事情，如此才能拉近彼此的距离。很多人都不明白这个道理，工作中遇到没有来往的同事和领导，都假装没看到，选择擦肩而过，这其实就是在浪费积攒影响力的机会。

也有很多人是因为不知道打了招呼该聊什么，怕彼此尴尬。其实这个也很好解决，真的不用太在意说什么。无论是

06 利益结合部:如何带一群人完成艰难的任务 ◇

流水线工厂里的打工妹,还是高档写字楼里的精英白领,在茶水间里相遇,聊的都是热播剧和化妆品,因为这些话题最有共鸣。

不要对这一次短暂的沟通抱有什么期待,让彼此愉快就好。

对同事最简单的开场就是问:"最近忙什么呢?"然后围绕对方的近况去关心对方就好。

对领导最简单的开场是说:"×总好!"打了招呼就不用说话了,等领导开口,给领导留下一个我们积极开朗的形象就行了。这就是把陌生人变成朋友的方法。

那怎么用亲密暗示将熟人变成好友呢?

当我们已经通过主动打招呼和工作中的一些来往,将陌生的同事变成了说得上话的熟人,接下来可以更近一步,把同事向好友的状态推进。当然,这里说的变成好友是做一些熟悉的朋友之间才会做的事情,暗示彼此关系亲密。具体有什么方法呢?有一个方法就是赞美。

美国著名的人际沟通专家莉尔·朗兹写过《如何让你爱的人爱上你》等畅销书,她把赞美当作拉近亲密关系的秘密武器。她认为:高质量的赞美,是发现别人身上隐藏的优点;而隐藏的优点,常常是彼此熟悉的朋友才能发现的。因此,有效的赞美，能够拉近朋友之间的距离。

那么，如何有效地赞美他人呢？

赞美的秘诀不在于陈词滥调，而是巧妙地支持对方眼中理想的自我形象。具体来说，就是不要用抽象的词汇赞美别人，比如"你好棒啊""帅过偶像明星"……学会将赞美"埋伏"在话语里，比如："像你这样阅历丰富的人，在当时那种场合，肯定不会紧张。""那东西真的很重，不过像你这样坚持锻炼的人，肯定能轻松搞定。""我最不擅长琢磨这些表格了，幸好有你在，你的专业能力我是最放心的……"

这些句子听起来像是脱口而出的感悟，但身边关系并不亲密的同事听到你这样的赞美，一定会觉得如沐春风，觉得你特别懂他，关系自然就近了。

我们在工作中会发现，有些同事好像就是会更讨大家喜欢，他的事别人会更上心；而有些人好像和大家关系疏远，常常不好意思去麻烦别人，要想让大家配合做点什么事情，就要更费劲地去求人。这是为什么呢？

原因就在于这些同事能够把陌生人变成熟人，熟人变成好友——人们对自己熟悉的人和事，一定会倾注更多的关注和耐心。

06　利益结合部：如何带一群人完成艰难的任务 ◇

有意义感，才有参与感

如何调动更多的同事花费更多的时间，帮助我们完成更大的任务呢？除了平时感情的积累，我们还需要一个重要的武器，那就是意义感——意义感是凝聚人心最有力的工具。

我们职业精英研修班有一位学员一度非常苦恼，他负责公司的新媒体运营，过去的一年，他招募了近十个同事，但都没干到三个月就辞职了，他问我应该怎么办。我也很好奇，反问他，可能的原因是什么？他说是因为新媒体运营的工作很琐碎，主要是挑选文章、排版、监测数据，他们刚来的时候很愿意学习，可是干了几个月，他们觉得学不到东西，所以就走了。

我发现这位学员，自己就是一个很喜欢琢磨新媒体运营技巧的人，报过很多班，工作中习惯于埋头苦干。然而，他不具备领导者的思维，太注重具体的任务，忽略了工作的意义感，导致下属只看到烦琐的任务，看不到工作的价值，学不到更多的本领，纷纷想离开。

什么是意义感？意义感就是一个约定，因为有了这个约定，我们就可以彼此配合，开始行动，这就是意义感的价值。

这可能有些不太容易理解，举个例子你就明白了。比如，我们下五子棋时，五个棋子连成直线就算赢了，这就是约定，没有什么道理，承认这个约定，这个游戏大家就能一起玩。如果你非要追问，为什么要五个子连着，六个不行吗？为什么只能连成直线？这不是忽悠人吗？如果我们追问这些意义的合理性，对于绝大多数人来说，没有任何价值。

马云等所创办的湖畔大学，开学第一课必讲使命、愿景、价值观，这其实就是在强调任何一个企业要想长久，一定要有鲜明而且宏伟的意义感。阿里巴巴的使命是让天下没有难做的生意，这个使命就是一份意义感，是一份约定。你认同，那么就能成为同事一起奋斗；你不认同也没有关系，自己玩自己的就好。

为什么意义感能够有效地凝聚人心呢？著名的德国思想家马克斯·韦伯说过一句极其揭示人性本质的话："人是悬挂在自己编织的意义之网上的动物。"人性的深处需要意义的填

06 利益结合部：如何带一群人完成艰难的任务 ◇

充才能活得有意思，所以我们可以看到，所有人都会为自己的所作所为找到意义。认为一切没有任何意义的人，要么是抑郁症患者，要么已经离开了这个世界。

很多领导者都明白这个道理，在TED历史上有一个影响非常大的演讲，是作家西蒙·斯涅克（Simon Sinek）所做的，叫作《伟大的领袖如何激励行动》。他提出了一个黄金圈法则，这个黄金圈是由三个圆环组成，从外向内分别是：是什么（what）、怎么做（how）、为什么（why）。

而伟大的领导者会告诉大家，为什么要做这件事，就是在强调意义感，最终影响更多的人。

所以我们在工作中也要去强调我们自己工作的意义感，那什么样的意义感才能满足这个条件呢？

- 积极正向而且是利他的。
- 宏伟远大最好没有尽头。
- 和你在做的事情有逻辑联系。

意义感首先是利他，不是为了自己，是为了帮助更多的人。其次就是远大宏伟，很多公司的目标是上市，可是上市之后呢？很多公司上市之后业务就不再增长，就是因为其目标太短浅，实现之后，大家就没有了动力。另外，我们自己

◇ 隐形领导力：不带团队，你也不用一个人干

强调的意义感当然还要和我们的工作内容有关系，如果我们是做快餐的，当然是为大家生活的健康和便捷努力。

明白了这些道理，我和那位学员一起明确了他们工作的意义感。他是做母婴品牌的，他们工作的意义是帮助新晋妈妈们掌握科学有效的育儿知识，选择有品质的产品，减轻妈妈们的负担，养育健康快乐的宝宝。他自己是非常认同这个价值观的，从此他开始在面试和工作中反复强调这个意义，至少现在他的同事们稳定了很多，工作热情高涨了许多。

意义感是领导者一定要经常挂在嘴边，并且身体力行去做到的，这样的意义感才会具备生命力，才能真正调动更多的人帮助我们。我们需要让身边的人参与到这份意义感中来，有实实在在的事情可做，这样才能有参与感。

讲一个故事，有一位女老师在宁夏山村支教，她进了大山，太明白读书的意义了，每天都向孩子们灌输这些道理。可是有一天，班上17个学生，旷课13个，她终于爆发了，亲自到山上去找学生。找到学生时，她问学生为什么不来上学？被找到的学生回了一句话："我旷课，又不耽误你讲课，凭什么抓我？"

这句话深深地触动了这位老师，学生们为什么不来上

06 利益结合部：如何带一群人完成艰难的任务

课？是因为他们觉得，我即使不来，老师也照样讲课，别的同学照样听课，学生们对课堂、对学校，丝毫没有参与感。明白这个道理后，她做了一件事，她任命全班17个人全都成为班干部。比如早自习监督员、迟到旷课记录员、桌面卫生监督员，等等。然后，她在教室前贴着一张表，每个班干部在检查完自己的工作后，都得在表上画个勾。

从那天之后，旷课的人明显变少了。因为每个学生都觉得班里有事等着我做。这位女老师后来回到北京的民办高中做班主任，她同样给全班34个学生都任命了职务。三年后，这个班出了这所学校的第一批本科生。

所以如何调动身边的同事甚至领导呢？除了为我们的工作"编织"一个大家都能够认同的意义感，还要让每一个人都能在其中扮演重要的角色，并且告诉他们，他们做的事情很重要。

我在大学的时候就有过这样的参与感。当时我们学院组织元旦晚会，由一个能力很强的学姐总负责，在晚会开始前，她把我们所有的工作人员叫到一起，做了一场演讲。告诉我们这即将是我们人文学院有史以来最成功的一次元旦晚会，将是我们大学最难忘的记忆，我们都被点燃了。然后她给每一个人都发了几页纸，上面写明我们每一个人的职责，告诉我们，今天晚会的胜利，需要我们每一个人在自己的岗位上做到完美。

当时，我才读大一，我的任务只是在后台引导演员们上下台，帮忙抬一下道具。但当时的我觉得在这个晚会中我很重要，晚会的成功和我的努力息息相关。

如何调动身边的人和我们一起持续努力？学会强调意义感，学会制造参与感。当我们的意义感越鲜明、越宏伟，当我们设计的任务越有参与感，就能调动越多的人帮助我们。

06 利益结合部：如何带一群人完成艰难的任务

精准沟通，就是精准执行

有一次办公室里的两位同事发生了一点冲突，当时的情况是，公司的公众号发布了一篇文章，阅读量很高，有实现10万+的潜力。于是新媒体运营负责人在工作群里找到负责公司品牌的同事，希望她帮忙安排公司同事们在朋友圈里转发这篇文章。他在微信群里对品牌同事说，这篇文章的阅读量在快速增长，可以的话麻烦帮忙安排一下销售团队转发朋友圈。

然而，负责品牌推广的同事在微信群里回复了一声之后，就没有了下文。

两天后运营同事就质问品牌同事，你为什么答应了却不做？品牌同事说，我是答应了啊，可是具体什么时候发，配什么文案发，你得找我确认呀！运营同事觉得不可理喻，说既然你都答应了，这些当然是你来提出需求，我尽力配合你呀！于是两个人争吵了起来，来找我讨说法。

这件事是谁的责任呢？两个人都有责任，我首先把他们俩都批评了一通，强调了公司里"手伸出百分之百，一切问题都能解决"的观念，同事之间的工作配合，没有绝对的公平，既然是我们的事情，就要主动推进，不能期待别人做得更多。

批评完之后，我把运营同事留了下来，对他说："你很棒，能够主动调动资源，但是这件事你的责任更大，因为你是事情的发起者，就要有领导者的担当。学会下达明确的指令，并且持续跟进，这样其他同事才能有效地帮助我们。"

很多人不是不愿意调动身边的同事，而是想到调动之后有可能让自己受挫、让同事烦恼，自然就不愿意再给彼此添麻烦了。导致这个结果的根本原因就是不会精准沟通，没有下达清晰的指令，没有有效地跟进，最终使得求助最终事与愿违。

很多时候，我们在调动同事时，存在很多的"臆想"，认为自己觉得重要的事情同事也会觉得重要，认为自己知道的信息别人也应该知道，这些都是错误的想法。每个人对同一件事的认知是不一样的，掌握的信息也不一样。而

06 利益结合部：如何带一群人完成艰难的任务

且在工作中，大家都有自己的事，对别人交办的任务，能投入的精力是有限的，很难思考得面面俱到。正是因为这样的信息和重视度的不对称，当同事接收到我们的模糊指令时，就会下意识地用自己熟悉的或者是自己期望的信息去自动弥补缺失的信息，从而导致信息的变形和失真，最终导致各种问题。

优秀的领导者都有化繁为简、下达清晰有效的指令的能力，让同事们知道应该怎么做，并且最终能做到。

讲一个史玉柱的小故事，当年史玉柱开发"征途"这款游戏，这是一款新游戏，该怎么卖呢？当时的网络游戏还是盛大"传奇"的天下。标准领导的做法是：找一群销售，给销售定指标，和奖金挂钩，然后让销售各显其能。

这样会有用吗？史玉柱制定了一项"策反"的销售策略。他找到一批销售，每天玩"征途"。他们的任务很简单，就是找其他玩家聊天，说"征途"这款游戏很好玩，把这款游戏推荐给其他玩家。他招募了大量的全职以及兼职的销售，用这样谁都能做到的方式，让"征途"火爆了起来。

我们作为领导者，要想让别人为我们做事，并且还要有好的结果，一定不能期待同事们个个都是责任心强、聪明伶俐的伙伴,更不能期待对方知道该怎么做。而是要我们自己把任务讲清楚、交代清楚,这样才能收获我们期待的结果。

要想领导好同事,我们至少要做到三点:提供帮助,明确要求,持续跟进。

提供帮助首先是一种认知,不管是对同事还是对下属,包括对领导,我们发起协作的时候,一定要以帮助对方、减少对方麻烦的心态去行动。很多人认为领导别人,就是把自己的麻烦事丢给别人去做,这是完全错误的想法。

恰恰相反,领导别人不是麻烦别人,其实是麻烦自己。我们自己要做好更多的准备,付出更多的时间才能调动身边的同事。套用美国总统肯尼迪的一句话:"不要问别人能为我们做什么,要先问自己能为别人做什么。"

我见过很多职场人,与别人合作常常以一种"这件事很重要,你要上点心,剩下的就交给你了"的心态,结果就是对方感到无所适从,觉得你是在给他找麻烦,自然就心不甘情不愿了。

这一点我很佩服我们个人发展学会的创始人刘Sir。刘Sir有一个非常了不起的品质,就是凡事先麻烦自己,再麻烦别人。比如,他的新书《搜索力》出版了,想邀请业界大咖

06 利益结合部：如何带一群人完成艰难的任务

们帮忙做推广，于是约他们一起吃饭。为了准备好这场饭局，他给自己制造了不少麻烦，首先是给所有到场大咖提前签好一本书，每个人的签名赠语还不能一样。还要考虑吃饭的地点，要考虑点什么菜，要考虑带什么酒，要考虑谁来作陪，考虑他们答应推广书之后用什么推荐语和软文，要谁来具体对接和执行……

这就是先麻烦自己，再麻烦别人。帮对方多做一点，别人才能为我们多做一点。

其次就是明确要求。很多人求人帮助的时候会用些含糊的说法说："就这样吧，尽快吧，你懂的。"这样做的结果就是对方不知道该怎样，不知道什么时候完成，也不懂你的心思。在调动别人的时候，千万不能怕麻烦，刚开始怕麻烦，后面只会更麻烦。

正确的做法是要明确这三点：怎么做，要做成什么样，什么时间交付。我这里有一些技巧，在和同事协作的时候，我会问这样几个问题：

- 你觉得这个工作可能会有什么困难吗？
- 这个工作做好了应该是怎样的呢？
- 你大概什么时候能完成呢？

◇ **隐形领导力**：不带团队，你也不用一个人干

  当我们追问工作中可能遇到的困难，就是在明确这件事具体应该怎么做。根据我的经验，那些想也不想就拍着胸脯说没啥困难的同事，十有八九都不太靠谱，一定要继续追问一下。

  问清楚工作做好了应该是怎样的，就是在结果上达成共识。当我问出什么时候完成的时候，我通常会说，这个太晚了，早一点吧！对方十有八九会说时间紧，任务重，没办法啊。然后我就让步，说好吧，这就是最晚的时间了。

  最后就是要做到持续跟进。任务布置下去了，不要以为就万事大吉了，过程的管控也是非常关键的。在工作的重要节点我们都要积极去跟进，询问进度。比如，工作刚刚开始、完成一半和即将收尾时，这三个时间节点都要主动问一问。

  持续跟进时，如果只是一味地催进度，就很容易给同事造成压力，有两个小技巧可以参考：

  第一个是加入幽默的元素，我会录制几个自己出镜的搞笑表情包，比如，强颜欢笑、我在盯着你呢、还不干活吗？这样的表情包发过去效果会很好。

  第二个小技巧是提供精准的帮助，比如，知道对方在写

文章，我会提供一些好的素材，真正地帮助到对方。

其实，当我们对自己的工作越认真的时候，别人对我们的工作也会越认真。要想领导别人帮助我们，我们就要较真一点，多麻烦自己一点，才能收获真正的影响力，获得期待的好结果。

◇ 隐形领导力：不带团队，你也不用一个人干

没有正确的人，只有正确的位置

联想集团创始人柳传志是中国资格最老、成就最大的企业家之一，他的处世智慧和管理哲学对中国企业家群体影响深远。关于管理，他最著名的理念就是提出联想管理三要素：搭班子、定战略、带队伍。很多企业家，比如拉卡拉的创始人孙陶然表示，这九个字已经将企业管理的所有道理都囊括其中了。

在这九个字所讲的三件事中，柳传志先生将搭班子放在了第一位。他认为，所有伟大的企业之所以成功，一定是领导者背后有一个有战斗力、团结一致的班子——没有一个好班子，定战略和带团队都是空话。

事实上，我们今天看到的几乎每一家成功的企业，在它们风光的创始人背后，都有一个团队在支撑着他。比如，马云有"十八罗汉"；美团的王兴有室友王慧文在内的十几个人

06 利益结合部：如何带一群人完成艰难的任务

一直忠心追随，他们创业六年，尝试好几次都失败了，最终离开的只有两个人，其中一个回了老家，另一个人自己创业，做出了一个叫作"今日头条"的产品，那人叫张一鸣。

包括腾讯的创始人马化腾、百度的创始人李彦宏、滴滴的创始人陈维等企业家，无一不是有一个自己的班子在支撑着他们。

强调搭班子，就是想说明一个道理，每一个领导者背后，都有自己的团队。而搭班子不是等我们做了领导，或者是创业了才去考虑的，有一个自己的班子，或者进入一个靠谱的班子，是每一个职场人都需要去做的事情。

我们职业精英研修班有一位学员阿涛，他讲过让他感到特别遗憾的一件事情：他们部门曾经来过一位同事，这位同事能力很强，也很上进，据说还和公司的大领导有点关系。这位同事在工作中会主动要求一些同事来配合自己，可是阿涛习惯了自己干，对这位同事总是不冷不热。

后来那位同事慢慢有了自己的圈子，没过两年他就辞职了，还把那几位和他走得近的同事都带走了。阿涛后来知道他们去创业了，现在发展很好，公司都要上市了。阿涛一直很后悔，当时没有和这位同事好好配合，其实他的能力比起被那位同事带走的人要强上不少。

职场从来都不是崇尚单打独斗的地方，班子是我们可以彼此依靠、相互支撑的职场盟友。如果我们有自己的班子，就能在职场上获得支持和助力；如果我们对班子不屑一顾，我们会浪费大量的时间和精力，做许多无效的社交。

一个好的班子里要有四种角色，明白了这四个角色，我们就能迅速构建或者融入一个圈子，大大提升我们在职场上的影响力。这四个角色是：领导者、耳目、骨干、润滑剂。

先说领导者，领导者就是能够把大家聚集起来的人，这样的人可能是能力最强的，可能是抱负最大的，可能是最有担当的，可能是最有奉献精神的。

每一个人都有成为领导者的可能，重要的是要有成就别人的心胸。

居鲁士大帝是波斯帝国的缔造者，是历史上非常有名的一个大帝，在居鲁士大帝还是少年的时候，他的父亲就开始培养他，他的父亲问："让别人服从你的最好方式是什么？"

居鲁士回答说："最好的方式是给服从者以奖励，给拒绝者以惩罚。"

父亲说："这可能管用，但是如果是特别危险的情形呢？

06 利益结合部：如何带一群人完成艰难的任务

奖励和惩罚可能都不管用了，而且如果你不在场呢？如果你没法监督呢？奖励和惩罚就很难管用了。"

父亲接着说："还有个更好的方法，那就是照顾好你领导的那些人，比照顾自己还要好，你把他们的需求放在你的需求之前。"

工作中，对比我们强的同事要尊重，比我们弱的同事要扶植，和我们相当的同事要盘活。做到这几点，我们就能成为领导者。

除了领导者，一个团队还需要耳目。耳目就是消息灵通、对信息敏感、善于交朋友的人。这样的人能够为团队探听外部的消息，收集更多的资源。《水浒传》中的一百零八将中，排名三十六的浪子燕青就是这样的角色。燕青才貌双全，多才多艺，交友甚广，宋江最后被招安，能够搭上李师师这条线，就是通过燕青做到的，可见他的交际之广。相对外向，喜欢聊天交朋友的人，就可以担当起团队中这样的角色。

其次就是骨干，任何一个团队都需要肯做事，也能做事的人，这样的人，能够成为团队的业务担当。骨干，是一个团队的"腰"，骨干的"腰力"发挥不出来，组织就会变得没有战斗力，团队很可能就是一帮乌合之众。

◇ **隐形领导力：**不带团队，你也不用一个人干

例如，《西游记》里的孙悟空就是团队里的业务骨干，降妖除魔全靠他。而骨干员工最怕的是受委屈，觉得自己活干得最多，但是功劳却要大家一起分。而即使你是团队骨干，也一定不要高估自己的贡献，低估团队的价值。

面对骨干和团队的其他成员，领导者要向他们表达更多的尊重和信任，这样才能收获骨干的忠诚，团队才能稳定。

最后一个角色是润滑剂，润滑剂往往是团队的氛围调节者，能够缓解团队内部的冲突。润滑剂往往是团队的意见领袖、时尚达人。你可以仔细观察一下，谁经常给同事们介绍餐馆，带同事组团办健身卡，饭桌上谁最喜欢讲笑话组织大家玩游戏，那准是润滑剂的角色。团队中比较幽默的同事，或者开朗的女性，往往能扮演好这样的角色。

所谓"一个好汉三个帮"。如果你是个天才，团队能让你的优势放大很多倍；如果你和我一样没有天纵之资，就更要通过加入团队放大自己的成功概率。

07

精细化管理：抓好关键动作，才能带出高效能团队

隐形领导力：
不带团队，
你也不用一个人干

07 精细化管理：抓好关键动作，才能带出高效能团队 ◇

做决策的水平，就是做领导的水平

研究人员曾经做过一项调查，他们向企业的CEO们提了三个问题：你每天最重要的事情是什么？你每天做什么花时间最多？你在领导团队时感到最困难的是什么？

结果显示，90%以上的答案都是"决策"。

事实上，领导者最重要的事情就是做决策。所有领导者的领导地位都是由一次次正确的决策积累起来的，可以说做决策的水平，就是做领导的水平。

一个方案到底是做还是不做，同事的建议是听还是不听，新的情况出现怎么调整，投入的资源是多一点还是少一点，任务怎么分配，这些都是领导者需要去思考和决定的。

我们如何做出正确的决策呢？首先要明确两点认知：

第一，生活中更多的是有限理性决策。

我们在购物时，面对同样的商品，一个店铺卖100元，另一个店铺卖90元，这个时候我们会毫不犹豫地买90元的。这样的决策，没有人会觉得困难，因为这是完全理性决策，所有的因素都非常清晰，决策几乎就等于做算术题。然而，现实中这样的决策其实很少。

我们管理精英进阶班有一位学员，他在一家技术培训学校被提拔为副院长，肩负起就业指导的工作。然而，就业指导团队现在士气低落，其中还有一个年纪大的主任，总是倚老卖老。这个时候是先替换团队血液、建立制度明确奖惩，还是加强培训提升业务能力？

对不同的决定，同事们和院长的态度也是未知的，怎么选、怎么做，这些都没有定论。

我们生活中遇到的几乎都是有限理性决策，无法获得全面、准确的信息，对可能的变化也无法预料。很多人面对有限理性决策，很容易陷入纠结或者干脆放弃。因为总有太多不确定，所以总想确定更多信息，于是就一直纠结不敢决策。想着反正怎么做都难保正确，那就算了，听天由命吧。

第二，决策的逻辑比决策的结果更重要。

我们做一个小小的思想实验，现在有两个游戏让你选择，一个是硬币游戏，扔一次硬币，正面朝上，你将获得100万

07 精细化管理：抓好关键动作，才能带出高效能团队

元；一个是色子游戏，掷一次色子，如果是6点，你也能获得100万。你会选择哪一个？

当然是选择硬币游戏了，硬币游戏成功的概率是1/2，色子游戏的成功率只有1/6。但是当你选择硬币游戏之后，结果是反面朝上，你最终分文未得，这个结果能够说明当初你的游戏选错了吗？正确的决策一定能带来正确的结果吗？事实上并不是。

领导者要想做好决策，要学会把决策过程和决策结果区分开来。决策过程中的逻辑，比决策的结果更重要。

我的一个朋友是位医生，她的三叔被怀疑是肺癌，肺部拍片有个阴影结节，经过各种检查，越查越像。唯一的问题是，最关键的穿刺活检并没有看到恶性癌症细胞，如果看到了，那就能确诊了。这个时候，医生给出了建议：因为临床表现非常像恶性，为了避免漏诊严重疾病，最好做一次开胸手术，切除带有病灶的一叶肺部组织，然后把整个病灶做完整的病理检查，来明确诊断。

要做开胸手术，还要切掉一部分肺，这可是大手术。家里人经过反复考虑，最后还是决定开刀。手术做完，最终病理结果显示不是癌症。也就是说，这手术等于白做了。朋友

家人的心情可想而知，花了钱不说，做了这么一个大手术，其实本来没啥毛病。

于是，朋友的家人问这位朋友，是不是医生有问题。朋友告诉他们，医生的建议没问题，他们做手术的决定也没问题。没病是好事，当下最需要做的，是让三叔把烟给戒了。

在信息不完备、结果未知的情况下，我们就需要理性思考。为保障最好的结果去做正确的决策，这就是正确的事情。至于最终的结果，并不能事后证明我们的决策正确与否。明白这个道理，能够让我们在决策前更加认真和理性，还能让我们在决策后避免后悔，减少情绪内耗。

明白了决策是有限理性的，决策的过程和决策的结果是分开的，我们在决策上需要做的就是提升自己的决策水平。

托尼·罗宾斯是美国一位非常知名的畅销书作家和励志大师，很多企业高管、知名运动员乃至政府高官，都接受过他的咨询服务。比如，美国前总统克林顿、戴安娜王妃都曾聘他为私人顾问。

罗宾斯曾经在财富中文网发表过一篇文章。在文章中，他介绍了帮助他服务过的大人物们做决策的方法。我结合自己的管理经验和思考，把他的罗宾斯决策六步法分享给你。

07　精细化管理：抓好关键动作，才能带出高效能团队

罗宾斯同样强调了决策都是有限理性的，不要去追求所谓的完美决策，很多人追求做出完美决策，是希望尽量避免失败。但是"唯一的失败就是未能做出任何决策。"

罗宾斯决策六步法的第一步是，明确结果。

我们不仅要写下自己希望得到什么样的结果以及为什么自己想要这样的结果，写下原因和答案。同时，我们还要写下自己能接受的最坏的结果以及最坏结果发生后的打算。

很多人做决策，常常只是怀着一个美好而抽象的期待，根本没有明确自己想要的结果。有一位学员找我咨询，说希望能找领导谈一下争取加薪，当时我一句话就把他问住了，你希望加薪多少呢？这个问题他根本就没有想过。这样去和领导谈，结果就可想而知了。所以，明确期待的好结果和可以接受的坏结果是第一步。

第二步，更好的选择来自于更多的选择。

把实现结果都有哪些可选的方案写下来，包括那些乍一听不太现实的。罗宾斯说："只有一种方案意味着毫无选择可言；两种方案会让你陷入两难境地；三种方案才能让你有选择的余地。不管你喜欢与否，把所有可选的方案都写下来。"

很多人的问题不是不会选择，而是眼界太窄，不知道还

有其他的办法以及行动力太弱,不愿意去探索更多的选项。

第三步,写出每个方案的优缺点。你能通过这些方案获得什么,又要付出什么样的代价。

这一步其实是尽量将有限理性决策变成理性决策,把自己纠结的点呈现出来,让自己能够更加清晰地权衡利弊。

第四步,评估这些方案,做出取舍。

罗宾斯强调可以通过问以下问题来完成方案评估。这些问题包括:这个方案会给预期结果带来什么样的影响?方案的优缺点对于实现结果有多重要?有利或不利的影响发生的概率有多大?实际执行时,会产生哪些情感或利益的结果?

第五步,评估剩余方案。

主要看它们的不良后果,然后思考有没有办法可以减轻不良后果的影响。这一步又会淘汰掉一些方案。

第六步,盯准还剩下的那个方案,然后下定决心,不再摇摆。

"要坚信,不管发生什么,这个方案都会让你旗开得胜。设计实施计划,然后尽最大努力去实施"。

罗宾斯说,一定要敢于做出决策,然后在行动的过程中考虑如何调整方法,而不是在决策面前犹豫不决,不断推迟行动。

其实，决策并没有那么难，认清了决策的本质，明确了期待的结果，深度思考了各种可能的方案，最终坚决执行最终的方案，结果一定会让我们惊喜。而且，长期来看，比起追求一次决策的成功，掌握正确决策的逻辑对我们的意义更大！

◇ 隐形领导力：不带团队，你也不用一个人干

不同的阶段，不同的带法

有一次同几位朋友结伴旅行，去一个偏僻的景区，恰好路上遇上堵车，在一条小路上被堵得死死的，等着交警来要到猴年马月了。这个时候，我们当中有一位做记者的朋友出去转了一圈，就找来了两个帮手，一个是体格健硕的大哥，一个是附近村子的年轻人。他们三个开始指挥让大家挪车，不到半小时，路就通了。对此我们都叹为观止。

事后，他笑着分析说，谁都不想在这儿浪费时间，一号召就会有人愿意帮忙，找体格健硕的，是武力威慑；找当地人，是人情威慑，这样说话才有分量。

什么样的人有领导能力？像这样懂得识人用人，让团队1+1 > 2的人，就具备领导力。后来他果然一路升职加薪，现在已经是电视台的领导了。

很多新晋领导者会请我做他们的私人管理教练，我发现

07　精细化管理：抓好关键动作，才能带出高效能团队 ◇

他们当中，最普遍的一个问题，就是不会用人。很多业务能手，自己埋头可以把事情做得很好，可当了领导，哪怕是基层领导，工作效果就差了很多。关键原因就是不会用人。他们最容易犯的错误就是以己度人，把别人想当然地当作自己去用，结果就是抱怨下属不上进、能力不行，对下属心生怨念，甚至开始暗暗较劲。

曾经有一位做高管的朋友给我讲过他做管理的心法，特别形象。他说做管理就是摆人头，就是会排兵布阵，把能调动的每一个兵有机地整合起来，让集体大于个体之和。

人头怎么摆呢？说实话，这是非常考验领导者水平的事情，我也不敢说有多么深刻的见解，这里分享一些基本的思路与方法。

摆人头首先就是要分析我们可以调动的人，可以考虑的因素很多，比如，任务目标、对方的能力、性格、意愿度、对方的发展规划，甚至还要考虑人头之间的关系，等等。这里我介绍一个最基本的人员管理方法。

美国著名的商业领袖，当代管理大师，情景领导理论的创始人之一肯·布兰查德，他把"不同情境，不同管理"的方法论叫作情境管理（Situational Leadership）。他认为，同一个员工，面对同一项任务，因为意愿的高低不同和能力的强弱不同，就会产生四种情境：

D1，热心的生手。刚接手一项新任务的员工，通常意愿高，很想干，但是能力弱。

D2，疲怠中的学习者。工作了一段时间，能力有提升，但未达到胜任的程度，员工开始倦怠甚至沮丧。这时，他的工作意愿降低，能力在较弱和一般之间。

D3，能干谨慎的执行者。员工继续进步，有了较好的工作能力，但信心还不稳定。这时，员工的意愿不定，能力中等到强。

D4，独立自主的完成者。员工终于可以完全胜任工作了，很兴奋，这时，他们的意愿最高，能力最强。

肯说，员工的情境，通常是从D1到D4不断演化的。情境管理的第一步是识别员工所处的情境，第二步是运用这个情境的管理方法。

我们管理精英进阶班一位学员阿乐，过去两年带着几个小伙伴一起在公司内部创业开荒新项目，现在明显感到团队有点带不动了，让我们帮他分析自己的下属。

其中下属A入职一年，工作能力有不少提升，但明显不

07 精细化管理：抓好关键动作，才能带出高效能团队 ◇

如刚进公司时有激情。阿乐经常找她谈话，并试着让她独立负责一摊工作，用责任唤醒激情，然而下属A居然把事情做砸了，结果最近情绪更低落了。

下属B，激情和能力兼具，什么都做得很好，但喜欢自作主张，不和阿乐商量。阿乐很恼火，责令下属B重大事项必须汇报。但什么是重大事项呢？他们俩对此并没有达成一致。阿乐很不满，但他知道，如果过于苛责，下属B可能就离职了。

阿乐的问题在于对自己的手下缺乏了解，用肯的理论分析，就是不知道自己的下属处于哪一个情景，用了错误的应对方式，结果适得其反。

美国著名投资家沃伦·巴菲特的黄金搭档查理·芒格说过，当我们手上只有锤子的时候，看什么问题都是钉子。当我们分不清团队成员的情景的时候，我们就会一招鲜吃遍天。当知道员工处于哪个情境，他是钉子，我们用锤子；他是螺丝，我们就用改锥。

肯提出，领导者的工具箱里有四把管理工具：S1指令，S2教练，S3支持，S4授权，可以分别在D1、D2、D3和D4阶段使用。

对于D1，热心的生手，应该用S1，指令。

领导者应肯定员工的热情,但在工作上,尽量给出明确的目标,制定好工作的标准,说明工作范围、权限和责任,期待得到什么样的反馈,并让他明确,一切决定要向我们请示,一句话:我决定。

对热心的生手,可以用培训界最经典的培训方法,总结起来就是四句口诀:我说你听;你说我听;我做你看;你做我看。

先试试口头指导,这一步的关键是交代到位。然后是第二步,询问新人自己的理解和行动计划。第三步是我们亲自示范,把怎么做给他演示一遍。最后一步就是让新手自己动手去实践,我们在一旁再进行指导。

对于D2,疲惫中的学习者,也就是阿乐的下属A处于的状态,应该用S2,教练。

领导者应经常给员工积极的反馈,允许犯错,表扬进步,失败一起分析原因,鼓励员工多思考,自主提出方案,允许他参与讨论和决策流程,但依然由领导者做决策。一句话:我们讨论,我决定。

这里有一个小工具叫GROW模型,能够帮助我们激发这样的同事,让他们知道该做什么,G指的是目标(GOAL);

07 精细化管理：抓好关键动作，才能带出高效能团队

R指的是现状（REALITY）；O指的是选择（OPTIONS）；W指的是意愿（WILL）。

先和同事聊清楚目标，然后和同事探讨现状中的难点和可能的方案，第三步就是对各种方案进行筛选，最后选定方案后激励对方，提升对方自己去解决问题的意愿。

对于D3，能干谨慎的执行者，应该用S3，支持。

员工已具备了很强的能力，领导者要尽量成为平易近人的良师益友，帮助其树立信心，认可其高超的能力，和员工一起讨论问题，鼓励他做最终的决定，训练他对决定的结果负责。一句话：我们讨论，你决定。

这时候领导者一定要抛弃"放着，我来"的冲动，多问对方：我有什么可以帮助你的吗？

对于D4，独立自主的完成者，也就是阿乐下属B处于的状态，应该用S4，授权。

这个阶段，员工的能力和意愿都不是问题了，B已成为公司的骨干，很多问题其实都来自于领导者自己的失落，希望下属永远听自己的，总觉得下属离不开自己，不如自己。这时，领导者要懂得给员工自主权、信赖和由衷的感谢，在对结果负责的前提下，充分授权，一句话：你决定。

再回到阿乐的管理难题，他的问题是：用同一种方法，S3支持，管理下属A的D2情境，和下属B的D4情境，结果两位下属都感到无所适从。

肯调查过，70%以上的领导者都只会用一种的管理方法，用过三种管理方法的人数不足1%。对团队中不同的人，我们要学会用不同的管理方法，这样才能激发团队每一个人的潜力，这是领导者的责任。

07 精细化管理：抓好关键动作，才能带出高效能团队

做领导的七字箴言：抓大、放小、管七寸

我们想象中厉害的领导者，都是运筹帷幄，决胜千里之外的，不用冲锋陷阵，就能提前谋划好一切，让一切尽在掌握之中……然而，这只是美好的幻想而已。

英国著名的思想家、政治哲学家洛克说过：没有有效的监督，就不会有满意的结果。明智的领导者会利用监督这把利剑，促使组织成员既有紧迫感，又满怀热情地投入到工作中——这就是著名的洛克忠告。任何组织和团队都不能缺少监管，这也是为什么军队里有宪兵、党派内有纪委、政府中有检察院的缘故。

我们个人发展学会管理精英进阶班有一位非常优秀的学员，他在一家专门建造电梯的国企工作，担任过亚洲某国总统府的电梯改造总负责，现在常驻迪拜，负责高层建筑的电梯施工。

◇ 隐形领导力：不带团队，你也不用一个人干

他们公司有前期的考察、方案设计、投标等一系列动作，最终拿下项目之后，就需要他这样的项目总负责去监管。虽然前期方案明确了预算、进度、人员、物资等一系列问题，但来到现场，一旦施工正式启动，就会出现各种问题。这位学员的工作就是解决施工过程中遇到的各种问题，进行过程管控。

工作中即使我们的决策再正确，任务分配再合理，团队成员再给力，项目进展过程中，也一定会有各种问题，所以我们需要过程的管控。

很多领导者没有意识到过程管控的重要性，他们会说："我不关心过程，我只在乎结果。"期待下属们各显神通，最终交付好结果，然而这种做法只会让团队涣散。领导也会感到更痛苦，因为他发现，自己一管就死，一放就乱。自己认真管了，下属反而没有积极性了，活全是自己干，下属死气沉沉；但是放手吧，下属又自作主张，全乱了套。

很多人不愿意调动同事，也带不好团队，就是因为在管理过程中有一种无力感，仿佛拳头打在棉花上，自己的浑身力气根本用不上。

其实，过程管理并没有那么复杂，明白了过程管理的七

07 精细化管理：抓好关键动作，才能带出高效能团队

字箴言：抓大、放小、管细，我们就掌握了管理的精髓。

抓大，指的是只管大事，什么是大事？领导工作中通常这些是大事：

1.能影响到核心目标能否完成的任务执行情况。

2.关键的动作或者项目的启动和结束。

3.费用开支。

4.人员的选拔和更迭。

5.员工的考核及团队的绩效分配。

以上五件事，是领导者推动一个项目时应该亲自把控的事情，否则管理就会失控。

怎么抓呢？绝对不是要我们亲自去做，而是要把知情权和决定权抓在我们自己手上，让团队成员及时向我们汇报，我们来做关键的决策。

再说放小，就是能够把那些不是核心的，不是关键的事情放出去。

关于放小，首先我们要知道什么算"小"。那些财务预算中的，工作流程里的，计划内的事情，都是小事。这些小事，我们都不用去过问。过问越多，自己的工作越累，团队成员的工作反而越消极。

一些领导者在管理中一点小事都不放过。我见过一个主管，办公室装修时，他连下属买什么颜色的椅子都要管，这些交给下属自行决策就可以了。

放小怎么放呢？放也有一个过程，不是说我们不闻不问。确实有可能团队中的成员自己没信心，拿不定主意，这个时候我们可以先放决定权，多问问下属：你觉得呢？引导着让他拿出方案，并且支持他就好。

关于放，我们还要留两手，一是备份制，另一个是追责制。

对于一些比较重要或者复杂的任务，你可以让团队成员放手去做，但是有一个要求，让他把前期的方案以及执行的流程记录下来，每周发送给你，把这些方案和关键流程备份。很多领导不会过问具体的工作，但是会要求会议记录和成员的周报必须抄送给他，这就是一种备份制。

这样我们并没有直接干涉团队成员的决策，也没有介入他们的执行，但是通过这样备案的方式，我们能够让成员们更加谨慎，也能及时掌握信息，防范风险。

其次就是追责制，一些权力可以放出去，但如果事后出了问题，追责的流程，我们还是要抓住。追责的目的不是为了把事情没办好的责任推给成员，成员所有的错误，我们作为领导

07 精细化管理：抓好关键动作，才能带出高效能团队

者都要负主要责任。而是要通过事后分析的方式，帮助下属明白问题发生的原因，应该怎么应对，要吸取哪些经验。

做到了抓大放小，第三个就是要能够管七寸。

管七寸，指的是管理者能够抓住核心细节，能够根据核心细节的情况，看到下属任务的完成质量和完成进度。

微软前任CEO史蒂夫·鲍尔默，是管七寸的典型。有一次，他接受各国CEO的年度汇报。巨大的屏幕上，每一页都是密密麻麻的业务数据。数学系毕业的他虽然平时抓大放小，不参与各国分公司的管理，但会利用听报告的方式来管七寸。

他突然说："停，你翻到前面，这一页的这个数字，和那一页的那个数字，是矛盾的，请你解释一下。"那个CEO瞠目结舌，答不上来。史蒂夫说："你根本不懂业务"。当场就把他解雇了。这就是管七寸。

我的一位朋友，她是一家休闲小游戏公司的市场总监，手下管着美术、运营、测试、发行四个团队，共十九人。一个人要管理四个团队，该怎么管理呢？她会抓住核心细节，那就是抓数据。

她们做的休闲小游戏的海外发行和运营，需要花钱把游戏投放到谷歌上购买浏览量，用户进入游戏中看到其他的广

告就会对她们产生收益。她每天来到公司的第一件事就是把负责发行的下属叫到办公室，看昨天公司购买的渠道费用是多少，哪款游戏带来了多少收入，这就是抓住核心业务。她每天关注数据，就像做进驾驶舱里看着仪表盘上的刻度表一样，时刻知道团队运行的状态。

我曾经和我们个人发展学会的创始人刘Sir讨论过一个问题，领导者到底是要具备更大的格局、更广阔的视野，还是要对业务细节把控更深入？

我们讨论的结果是，领导者要上能画蓝图，下能看细节。领导者眼里要有行业趋势、年度目标，也要能够区分下属业务细节完成的进度和好坏。

站在管理的角度，公司最高的领导者，都会深入一线，了解具体的工作，起到监督和指导的作用，确保过程顺利。而好的领导者，则一定要深谙业务的本质，懂得抓大、放小、管细。

与其畏惧冲突，不如用好冲突

作为领导者，我们带领团队的过程中，一定会遇到团队内部的各种冲突。比如，人际关系上的冲突。有些同事之间因为性格、行为习惯等原因相互不对付，工作中有些同事可能比较完美主义，对别人的工作特别挑剔，甚至会说些刻薄

07 精细化管理：抓好关键动作，才能带出高效能团队

话。或者有时候因为一方压力大，没有控制住情绪，说话失了分寸而产生冲突。

我就亲眼见过一位同事急匆匆准备去开会，另一位同事问他一个项目情况，他脱口而出："哎呀，你笨死了，什么都不知道。"结果两人就吵了起来。

再比如业务分工带来的冲突。公司前端销售和后端运营存在冲突，销售为了促单，对客户许下各种承诺，运营就要咬牙尽量满足对客户的需求。产品经理为了用户体验提出新的方案，程序员可能就会说没排期，设计师说做不了。这些都是业务分工导致的冲突。

过去我们面对团队内部的冲突，常常选择的应对方法是觉得冲突还不至于那么严重，像感冒一样，忍忍也就过去了，选择视而不见。到了不得不站出来调解的时候，领导者们也是各打五十大板，选择和稀泥。

我们管理精英进阶班有一位学员，她在幼儿园做教学主管。她们的园长是一个很有教育情怀的专家，但是对下属过于宽容，有的外教傲慢跋扈，她让其他老师们理解；有的中教玩忽职守，她还是让其他老师们理解。这位园长不愿意直面团队内部的冲突，最终导致幼儿园人心涣散，优秀的人才慢慢离开。

同事之间的冲突,是给团队的管理亮起了警示灯,是领导者反思自己、优化管理制度的契机。然而这位园长回避了小冲突,导致组织面临了更大的问题。

最近十几年,管理学界对组织内部冲突的认知有一个明显的转变冲突。冲突在过去被认为是一件坏事,因为它们意味着破坏和不稳定,所以领导者尽力避免组织内部出现冲突。但是最近的学者们渐渐发现,在任何团队或组织中,要完全消除冲突是不可能的,也是不必要的,适度的冲突会给组织带来一定的活力,还能增加领导者对团队的掌控力。

我们如何面对冲突呢?冲突产生的源头,要么是人的问题,要么是事的问题。

如果是人的问题,两个同事之间在暗暗较劲,出现了组织内耗,影响了团队的氛围和效率。这样的冲突,我们作为领导者,是要及时介入的。

由人导致的冲突有两种:一种是利益,另一种是性格。

我经常遇到学员的提问,说自己不服某个同事,觉得自己干的活最多,拿的钱却最少,有同事没干啥却评为优秀,很不服气。或者两个同事之间都想争取晋升机会能够被提拔。

这样因为利益而产生的冲突,领导者要记住六个字"做

07 精细化管理：抓好关键动作，才能带出高效能团队 ◇

增量，给好处"。

处理这样的利益之争，千万不要想着"不患寡而患不均"，想着应该在下属中搞平均，这样做没有一个人会满意。正确的做法是做增量，给不服的人机会，让他去挑战新任务，创造新的价值，同时别忘了要给一些好处，把手中掌握着的一些资源拿出来，投入到分配当中。要从"分蛋糕"的模式中，转变到令其主动参与"做蛋糕"。

如果下属之间的冲突不是因为利益，主要是因为性格习惯等，这个时候基本的方法就是先努力和解，和解失败后再分割。

项目小组四个人一起配合，项目刚开始时大家相安无事，合作一段时间以后，小彭觉得晓飞总是颐指气使，对别人的意见总是没耐心，而且经常喜欢抢功劳，这让小彭很看不惯。两人开始较劲，甚至在会议上相互斗嘴。

组长了解清楚情况后，首先把他们两一起叫到办公室，引导他们说出对彼此的感受，出面进行调解。这样的面对面沟通，让他们彼此都从侧面看到了自己的问题，对彼此态度都有所改善。多数情况下，不涉及太大利益的人际关系冲突，如果领导者能出面调解，问题常常都能化解。如果出面调解后依然还是有矛盾，那就要果断分割了，要么让其中一人转岗离开，要么就开除一个人。

管理精英进阶班学员阿成在一家二手车公司做大区负责人。他手下有两个区域经理，一直有矛盾，阿成有决定人员去留的权力，我建议他尽快开除其中一个。但阿成管理经验不足，选择先留下两位经理，他甚至轮流请他们吃饭进行调解，此外还做了很多事情，比如，组员互换，把资源划在公海里，说服大家按月划分有效资源等。这些做法实施起来都不容易，折腾了两个月，最终，以其中一个区域经理带着团队集体跳槽而告终。

面对团队的冲突，我们的原则是维护团队整体的利益最大化。

如果是事务上的冲突呢？其实这个反而容易解决，做到两步就好，第一步是冲突对话，明确冲突点；第二步引入第三方进行评判。

什么是冲突对话？就是针对分歧，让大家充分表达，明确各自的主张。比如，我的一个学生最近纠结于如何安排他的婚礼，这对准新人已经为这事吵了好几次。

我用冲突对话的方式帮助他们解决问题，先让男生考虑

07 精细化管理：抓好关键动作，才能带出高效能团队 ◇

一下他是怎么看待婚礼这件事的，他可以接受的婚礼是什么样的，试着让他拿出几个自己可以接受的婚礼方案。

男生沟通清楚后，女生也按照这个方式来一遍。然后将双方的方案放到一起，就能找到双方都满意的方案了。

冲突中的双方如果还是无法达成一致，就可以引入第三方评判。比如，在汽车研发过程中，不同部门之间经常产生冲突。设计师提出的方案会被工程师拒绝，因为双方的诉求点不一样。设计师为了好看，而工程师可能要考虑性能。

因此，大众汽车就引入了用户参与机制，让潜在的购买者来评判，谁可以在冲突中获胜。这么做的好处就在于，冲突一下子变成了双方和用户三者之间的矛盾，而且没有人会拿用户的意见不当回事。这就避免了冲突在内部升级。

当我们工作中遇到冲突，常常会请领导出马，或者请专家帮忙分析，其实都是引入第三方评判。

在领导团队的过程中，我们一定不要被其乐融融的氛围所蒙蔽，团队需要的不是阖家欢乐，需要的是战斗力。而团队内部的冲突，就是活力与战斗力的证明。面对冲突，用好冲突，是领导者的重要责任。

08

团队赋能：
你不是一个人在战斗

◇

隐形领导力：
不带团队，
你也不用一个人干

08　团队赋能：你不是一个人在战斗 ◇

提升个人在组织中的能见度，实现隐性晋升

自己的上级比自己还年轻是绝大多数职场人感到苦闷的事情之一。毕竟职场上，评判我们成败的，是薪水和职级。上级比我们还年轻，说明我们成长的速度已经落后于同龄人了。

很多人工作多年始终还在基层，原因可能有很多，比如，不知道怎么高效地工作；不知道怎么和上级相处；不知道怎么调动资源；也可能是频繁跳槽，结果却是越跳越糟，等等。

为什么我们没有得到与自己期待相匹配的职位和薪水呢？从根本上来说，是因为我们没有理解职场上升职加薪的底层逻辑。

简单来说，升职加薪要满足三个要素：出色的业绩、职场领导力、职场能见度。前两个要素，本书前面已经为大家

◇ 隐形领导力：不带团队，你也不用一个人干

讲述了，现在我们需要关注自己的职场能见度，为我们的升职加薪踢好最后临门一脚。

我们职业精英研修班有一位学员佳佳，她在一家英语培训机构做老师，工作三年多了，业绩一直不错。最近公司恰好空出教务主管的位置，她觉得自己完全有资格做这个主管，于是私下找到大领导，表示希望能够升职带团队。大领导听了佳佳的想法，先是称赞了佳佳的努力和上进，但是也表示，佳佳的领导能力比较欠缺，还需要沉淀沉淀。佳佳很不服气，来问我这是为什么。

其实，佳佳首先就犯了一个错误，她越过自己的直属领导直接去找大领导谈升职。佳佳想当然地认为，升职加薪是公司大领导一个人说了算的，只要搞定大领导就行了。然而，事实并没有那么简单，决定我们升职加薪的角色有三个：决策者、评估者、影响者。

决策者一般是部门的总负责人，或者是公司的老板或者CEO；评估者是直属领导，管理规范的公司人力资源负责人也有评估权；影响者是与我们平级的同事。

升职加薪的决策虽然最终是由大领导做出的，但一定是由直属领导同意，并且同事们心服口服才能最终实现的。

08 团队赋能：你不是一个人在战斗

如果我们的能力不能被广泛认可，并得到大家的公认，领导就会担心"晋升一个人，疏远所有人"的事情发生。所以，组织能见度非常重要，这是决定我们能否最终升职加薪的关键。

什么是组织能见度呢？就是我们在整个组织里的影响力和口碑。很多员工，我称之为职场老黄牛：兢兢业业工作，结果到头来干了好几年，大老板连他们的名字都不知道，同事对他们也非常陌生。如果是这样，这群人的组织存在感就太低了，基本和晋升绝缘了。

而那些组织存在感高的人，我们也不要误解。他们未必有百分百的好口碑，然而能力被大家认可，处事方式被大家接受，大家知道与他们合作风险和成本都很低。这样的同事，才是升职加薪的首选。

如何提升我们的组织能见度呢？有两个方法：一个是组织内做头部，另一个是组织外造名声。

头部简单来说就是"最"，最早、最大、最红，都算是头部，只要是头部，就能天然吸引眼球，获得更多的关注。米老鼠可以算是最早的卡通形象，所以经久不衰；金字塔几千年来都是世界上最高大的建筑，所以代表着人类早期文明，吸引着全世界的游客；甚至流行文化中的钢铁侠也因为是最红的超级英雄，所以在漫威宇宙里一直稳坐C位，这就是头部效应。

利用这个效应，我们在工作中也可以争取成为头部，成为团队里最早或者最好的那个人，这样我们就能具备更大的曝光度和影响力。

我们个人发展学会有位产品经理，她刚加入公司的时候，公司只有12个人。那个时候，她还是个读大四的学生，但她是第一个转正的实习生，是公司第一个职业辅导师，第一个音频节目的产品经理，她虽然比后加入的员工年龄都小，但一直是几个重大业务板块的第一人。这些"第一"，就让她在公司中成为最有话语权的员工之一。

如果你是第一个开始做公司某个项目的人，你是能够把某件事做得最好的人，你是能够调动最多资源的人……这些公司里的"最"一旦被你抢到，你就会显得实力出众。所以，我们在工作中很有必要去第一个报名，第一个参加，第一个发起，总之想办法积极主动参与到公司的活动和项目中。

除了争第一，还可以争最好，比如，你是公司文案写得最好的，PPT做得最好，社群运营、演讲等做得最好的人，

08　团队赋能：你不是一个人在战斗

让别人知道你有一门拿手的本领，也会让你显得格外有实力，能够提升组织能见度。

除了在组织内争取成为头部，在组织外营造个人的名声也是非常有效的方法。

高晓松在他的节目里，讲过肯尼迪总统和夫人杰奎琳的一段秘闻。肯尼迪其实是一个浪荡公子，结婚后对自己的妻子杰奎琳并不怎么在意，成为总统后对她更是爱搭不理。杰奎琳无奈一个人出游欧洲，却在欧洲掀起了时尚热潮，成为全世界的焦点。看到新闻后，肯尼迪这才开始重视自己的妻子，意识到妻子可以帮助自己展示他年轻化和国际化的政治形象。

正是从杰奎琳开始，美国才有了"第一夫人"的称号，并且开始具备非凡的影响力，这除了杰奎琳自己的努力，背后肯定少不了肯尼迪总统的有意推动。

有时候自己看不见自己的价值，通过外部的舆论，反而能够增加我们在组织内部的影响力。所以，对于职场人来说，积攒行业人脉和口碑，是非常重要的。

想想如果你是老板，你看到自己的下属默默无闻，离开自己的公司都不一定找得到工作，你会特别重视这样的下属吗？可是有一种下属，在行业里人脉众多，而且口碑良好，很多公司都打算挖角他,你会不会对这样的下属另眼相待呢?这是人性使然,我们需要理解和尊重,并且要为我们所用。

在这个时代,积累行业人脉和影响力还是相当容易的。如果你是程序员,多上类似于GitHub这种论坛,认识业界高手,发表作品;如果你是一个运营,试着自己运营一个私人账号,对自己的作品、运营心得进行传播;如果你是HR,多参加一些你们所在行业的论坛、峰会,既可以让你认识更多的人,也可以提升你的专业知识。

线上的论坛、课程、社群,线下的行业峰会、培训、聚会等有很多,这些都是我们拓展人脉和积累口碑的好方法。我的建议是,每一个季度选择这些活动去参加一次就好,每次认识2~5个聊得来的朋友就行,也不用太频繁、太刻意。

对于任何职场人来说,千万不要把公司当作自己的"唯一",要记住,你只是公司的"之一"。我不鼓励过度跳槽,或者"身在曹营心在汉",更不要成为只是给自己履历镀金的投机者。但扩大我们的外部影响力,既可以反过来提升我们在公司内的价值,也可以帮助我们找到新的机会。

《论语》里有一句话,叫"施于有政,是亦为政",说的就是"虽然不在那个位置上,但依然有影响政治的力量"。如果

08 团队赋能：你不是一个人在战斗 ◇

我们在一个岗位上，展示了足够的价值，具备了充分的影响力，那么，我们暂时是不是被叫作"经理"或者"总监"，其实没有那么重要。我把这种状态叫作隐性晋升，领导在做决策时会征询我们的意见，同事们在工作中会信赖我们的决定，公司的资源会向我们的倾斜，做到这一步，升职加薪是早晚的事。

◇ 隐形领导力：不带团队，你也不用一个人干

提现信用资产，释放影响力

很多职场人认为，努力干活，领导就会看到，升职加薪是自然而然的事情。主动要求升职加薪是在给领导找麻烦，万一被拒绝反而会破坏和领导之间的关系，影响未来的发展。因此，很多职场人不愿意向领导明确表达自己渴望升职加薪的意愿，更别说主动去提升职加薪了。

然而，这样的想法却是错误的。事实上，大多数公司都没有完善的加薪制度，普遍的做法是员工多干一年薪资涨500～1000元。即使是有完善加薪制度的公司，给下属每年的涨薪幅度也就在10%～30%之间。但是，一个优秀的职场人，一年成长的速度不会低于50%，基本上我们努力工作一两年，工资就赶不上我们的价值了。

而且公司的制度本身就是针对大多数人的，就像学校里的学习进度照顾的是大多数成绩一般的学生，优异的学生反而会被大家拖后腿。职场上要想弯道超车，就要更加积极主

08 团队赋能：你不是一个人在战斗

动地争取升职加薪的机会。

但凡开明的领导，不会反感下属表达对升职加薪的渴望，甚至是提出明确要求。我自己做管理多年，有人过来谈加薪意味着三个信号：他有事业心，这是好事；他愿意为组织创造更多的价值，这也是好事；他愿意跟我沟通，表示他有话直说，信任组织能解决，总比私下有怨气好，这依然是好事。

而且从个人的角度来讲，提出升职加薪的需求，是检验我们的上级是否靠谱，观察公司文化与制度是否健全，是否值得继续跟随的试金石。如果上级忽视我们的利益，或者给出的承诺最终没有兑现，那么我们就应该及时止损，尽快为自己谋求更好的职业机会。

找领导聊升职加薪当然不是简单粗暴地问："领导，我什么时候能升职加薪？"这样做不是在良性的沟通，而是在粗暴地索取。

良性的沟通升职加薪可以分为三步：

第一步，谈自己的工作表现，和领导达成共识。

我们要明白一个根本逻辑，升职加薪首先是对我们过去工作成绩的肯定，其次是对将来表现的投资。晋升一个员工，意味着公司马上就要付出更高的工资成本，这种成本，如果不能由这个员工在未来为公司创造更多的价值来抵消,对于企业来说,就等于增加了经营风险。所以谈加薪,要亮明自己的成绩,展示自己的潜能,获得领导的认可。

工作表现怎么聊呢?约时间和领导私下聊聊,表示想汇报一下自己最近的工作总结和思考,正常的领导是不会拒绝这样的沟通的。

沟通时有一个小技巧,可以用"三长两短"来阐述自己的工作表现,三长指的是自己的三个长处,通过客观的事实和数据,展示三个领导会在乎的、能够帮助我们晋升的关键品质或者能力,比如:"这一次送书活动从策划到实施,最终十天内圆满实现销售1000套的目标,我觉得自己在营销策划以及内部同事的分工协调,还有公司外部流量资源的整合这一块,都有很大的突破。"

两短指的是自己还可以改进的短处,展示自己的谦虚态度以及上进心,避免让领导觉得我们骄傲自满。当然,这个短处一定不是影响我们晋升的关键能力,而是大而化之的缺点,比如,还不够细心,对同事的激励还缺乏经验和技巧等。

之所以长处要多于短处,是要在领导面前展示自己的高潜力,而不是让领导过于关注我们的短板,这个技巧有趣、

08 团队赋能:你不是一个人在战斗

好用,经常这样和领导沟通,汇报我们的工作,你就会发现它的巨大价值。

先聊工作表现,我们能看到领导对我们的态度,如果领导态度积极,认可我们的工作表现,我们就有了开口谈加薪的基础。如果领导态度一般,对我们的成绩并不认可,我们就可以暂时缓一缓,先在工作业绩上让彼此达成一致。

第二步,明确公司的加薪标准或者条件。

我们在聊完自己的表现,并且领导也认可之后,就可以和领导聊一聊公司升职加薪的标准了。正常情况下,公司都会有员工加薪的基本标准,虽然这个标准可能会比较模糊,但越是模糊,越有和领导聊的必要。这些标准可能包括工作年限、业绩指标、执业证书、完成的培训、内部评估,等等。

可以尝试用这样的问题和领导沟通:领导,我们公司过去是依据什么给同事升职加薪的呢?我这个岗位,如果要晋升,需要满足什么要求呢?

问出标准之后,我们就有了判断的依据,我们可以根据这个标准来进行自我评估,看看哪些可以自己复核,哪些暂时不足,因此也就有了和领导进一步谈判的依据。

正常情况下到了这一步,大多数领导都已经明白我们的意思,基本上不需要我们再开口说自己是否能加薪了,多数领导就会帮我们分析,现在的我们是否满足要求,做到了哪些,还需要做到哪些。而且,这样一来,我们就将领导拉到了我们这边,我们不需要说服领导,领导反而会主动帮助我们去满足这个标准。

第三步,谈自己的期待和计划,带领领导想象未来。

既然升职加薪是组织对我们的投资,我们就要考虑为组织创造更大的价值。很多人会说,"我有价值,是因为我把现在的工作做得很好。"但把你的自身业务做得再好,也只是你现有工资范围内的些许上调。真正的升职加薪,还需要有更多的创造未来价值的证据。我们不可能只是干着原来的活儿,却拿着更高的薪水,正常的公司都不会让这种事情发生。

所以我们去谈加薪的时候,不是怨妇心态式的"我待了这么久,为这里付出了这么多,我应该多拿点。"也不是"如果不加薪,有多少公司等着我",而是" 我有一个更好的计划,我愿意为公司付出更多。"

这个时候我们就要和领导探讨接下来的计划了,正确的做法是去做业务攻坚,主动去做领导在乎、代表公司未来方向的业务。阐明自己的思考、计划、打算调动的资源,这个时候我们其

08 团队赋能：你不是一个人在战斗

实只是抛砖引玉，表明我们的态度和思考就好，并不需要多么严谨，因为聊到这一步，剩下的就是要交给领导去考虑了。毕竟，升职加薪不是领导一个人说了算，也不是当下就能决定的。

我有一个朋友，他有一个奇怪的爱好，喜欢通过搭讪认识陌生的女孩。他是北大心理专业毕业，喜欢和人聊天，探究人性。我问他是怎么搭讪的，他告诉我，沟通是一个动态的过程，每一步都是引向最终目标的试探，每一步都要根据对方的反馈再决定下一步的应对，这样才是有趣和有效的。那些上来就猴急式地奔着目标去，是贪婪和无能的表现。

他搭讪女孩，从来不考虑怎么开口，因为他第一句话永远都是："嗨，你好。"然后观察对方的反应，如果对方态度冷淡，根本不愿意多看他，他就离开，当作一切都没有发生。如果对方一脸疑惑地看着他说："你有什么事吗？"他就会根据对方脸上表现的情绪选择回应的话，比如，遇到自信爽朗的女孩，他会说："我看你不像坏人，所以想认识一下你。"

其实，任何沟通都是这样，是一个彼此试探的过程。我们需要有一个基本的逻辑，然后让对方在我们的逻辑中进行对话，根据对方的反应决定下一步的应对方法。跟领导谈升职加薪，也是这样。

◇ 隐形领导力：不带团队，你也不用一个人干

顺势而为，才能趁势而起

很多人会简单粗暴地把选择和努力对立，认为选择比努力更重要。过去的十多年，如果自己或者家人朋友提早买房的都会感同身受，比起努力工作，提前买了房，房价是翻倍地涨，而工资是缓慢地爬，这似乎印证了选择大于努力。

但其实很多人眼中的选择，只是碰运气而已，即使那些买了房的人，多数都不知道为什么房价一直在涨。而真正厉害的人，首先会看清选择背后的逻辑，然后做出正确的选择，再付出精准的努力。选择和努力其实就是一回事，不努力思考，坚决执行，怎么会有正确的选择呢？

拿房价来说，根据北京大学金融学教授徐远老师的研究，自二战以后，世界上多数国家的房价一直到今天都在上涨，金融界早就得出了一个国家房价上涨的经验公式：房价增速＝经济增速＋通胀膨胀速度＋城市化速度。

08 团队赋能：你不是一个人在战斗

简单来说，只要一个国家的经济在增长，通货膨胀在发生，城市化进程在开展，房价就会一直涨下去。过去那些买房的人，其实是跟随了中国经济崛起的大趋势以及城市化的进程。所以有人说，买房子就是买一张车票，是坐上经济高速增长的列车，享受时代红利。

明白了房价不断上涨的逻辑后，我们在买房上就不难做出正确的选择了。由此是想说明两点，首先，选择和努力是一回事。只有努力学习和思考，果断决策，才能做出正确的选择。其次，正确的选择就是和更大的趋势站在一起，这才是成功的关键。

小米科技的创始人雷军，被称为"中关村劳模"，奋斗16年把金山公司做到上市，但市值才6.261亿港币。他说，自己当时终于悟透了——成功的关键是顺势而为。于是离开金山，拥抱移动互联网的大趋势。当他再次创业时，只用了三年时间就把小米做到了市值千亿美金。

抓住趋势的根本，就是让自己跟上更大的增长趋势。从国家的趋势，到行业的趋势，再到公司的趋势，哪怕是所参与的业务的趋势，只要跟对了增长的趋势，就能让我们的努力价值翻倍。就像买房，只要买了房，跟对了国家经济的趋势，即使什么都不做，我们的资产依然在增值。而错过了这个趋势，想凭个人的努力赶上房价的增长，就是事倍功半了。所以，跟对趋势至关重要。

三年前，有一位找我做咨询的朋友，他是一家旅行社的高管，猎头找到他，给他推荐了两个工作，分别是京东和携程的旅游相关事业部经理的职位。当时他问我应该怎么选，我给他的建议是选择携程。当时他没有听我的建议，他觉得京东平台更大，待遇更好，于是选择了京东。

但是不到半年他就后悔了，他感受到了什么叫作大公司的"寡妇部门"。因为不受重视，他们部门有些程序员都是被其他部门淘汰的，水平一般，沟通还难。旅游相关的产品想做活动也不容易，京东平台主要的流量都给了电子产品和图书。最后，他只干了一年，就身心疲惫地离职了。

虽然京东是增长型公司，但是与携程相比，携程的票务预订业务不仅在增长，旅游相关业务也在增长，两个增长叠加，对他的发展意义更大。所以，识别自己所做的项目以及自己所在的公司，是否在增长的趋势中，是非常关键的。

对眼前的公司以及我们所做的项目，我们一定要有审慎的眼光。公司发展缓慢，或者我们所做的业务不行，这些都是阻碍我们发展的巨大障碍,靠努力是很难跨越的,也没有必要消耗自己的职业生命去跨越。能够选择的话,当然是尽快离开这样的公司,去更有潜力的公司。

怎样判断自己所处的公司或者所做的项目是否有潜力的呢?主要观察三点:

第一,看业务数据。了解公司所处的行业发展情况,还有行业头部公司的业务状况,同时对比自己公司最近几年的业务增长,看看公司的发展是否处于平均水平以上。正常情况下,一家公司的业务每年最少要增长10%以上才算基本及格,如果做不到这一点,就要慎重考虑这家公司的前途了。

第二,观察我们身边的大多数同事,是不是都比我们优秀。思考一下自己身边同事的学历水平、收入水平、工作能力,这些都能看出同事们是否足够优秀,优秀的人一定会在有前途的地方聚集。

第三,未来一到两年,我们在这个公司里工作,会遇到哪些有挑战性的任务,能推动我们提升哪些能力,能积累什么资源,这些能力和资源能否助力我们下一阶段的加速成长。

我在做咨询的时候,发现太多人在规划自己的职业发展时是被动的、消极的。这跟多数人买房是一样的,都是到了不得不买的时候再来了解,才发现房价又涨了一大截,已经买不起了。工作也是这样,总是等到现在的公司几乎待不下去了,再去看外面的机会,这样的我们必然错过了一个又一个的好机会。所以,我们要保持警觉,对趋势敏感,而且要主动选择趋势、选择公司。

我身边发展顺利的朋友,几乎都是除了会努力工作之外,也会努力做出正确的选择。比如,我的一个朋友,十多年前他在电信运营公司工作,有一次,公司请一位互联网专家来做分享,专家讲到了未来电商的趋势。他当时留了一个心眼,开始持续关注国内电商的发展,后来他抓住机会果断跳槽去了一家电商公司。第一次跳槽去的公司不久就倒闭了,但是他还是迈进了电商圈,后来有了经验,去了一家上市公司,现在已经是公司合伙人,身价相当不菲。

在这个时代,主动选择公司,让增长的公司为我们赋能,可以大大提升我们的成长速度。

假设一个优秀的基层员工,想要升职到总监的级别,该怎么办?在过去,他只有在公司里一步步从基层做起,按照平均两年升一级的速度,从员工到组长、到主管、到经理、

08 团队赋能：你不是一个人在战斗 ◇

到总监，一切顺利的话，需要八年。可是，在今天，外部环境变化比内部快，他如果真的很优秀、行动力强，他的最优选择是什么呢？就是辞职，去更好的公司！

这个优秀员工，很快能找到一家优秀的公司，即便做一样的工作，薪水至少也能涨30%，还能实现职级的一次跃迁。这样操作几次，他可能只需要花四年时间，三次跳槽，每次间隔一年，也不算特别频繁，就做到了总监，省掉了四年苦熬的时间。

为什么会这样？因为这个时代发展是不平均的，资源会在某些公司或行业迅速聚集，它们的发展速度就会快过其他地方。而这些蓬勃发展的行业和公司，在这个时代就是在用金钱换取时间，毕竟花钱挖来靠谱的人，比培养一个人靠谱多了。

360创始人周鸿祎讲过一个故事，他亲自挂帅做搜索的时候，他就发力去百度和腾讯挖人。让他震惊的是，有几个特别聪明的人在百度、搜狗和360这三家搜索引擎为主业的互联网公司之间来回跳槽，一年的时间内，他们的工资收入翻了四倍以上。对此，周鸿祎一点办法没有——因为比起这些员工的工资，抓住时代趋势对公司来说要重要一万倍，于是这些员工成了实实在在的受益者。

不要让无聊的内耗消磨我们的能量,我们应该学会洞察趋势,让公司为我们赋能。

后　记

　　本书汇总了这几年我在个人发展学会，从职业精英研修班到管理精英进阶班的思考，是一次系统且完整的表达，对我个人而言意义非凡。

　　我首先要感谢个人发展学会这个平台对我的支持，它是我事业的根基，也是我思想的沃土。只有在这里，我才能接触到那么多鲜活的职场案例，才能做出那么多的思考和表达，获得那么多的建议和肯定。在这里我找到了期待已久的工作的幸福和喜悦。

　　感谢个人发展学会的创始人刘Sir，他不仅是我事业上的领路人，还是我最坚实的后盾。对于管理的思考和实践，他总是走在我的前面，我还需要继续向他学习，继续努力。感谢我们的合伙人石姐，我们六人行图书团队在她的带领下，一路高歌猛进，感谢她对这本书倾注的心血。

　　感谢我的两位产品经理，董文保和覃未来。在过去的两年，小保同学一直是我的产品经理，为我提供文章的选题，我们一起讨论文章的故事和大纲，这些文章能够戳到职场人的痛点，很多都是她的功劳。后来未来接替了小保的工作，这本书从策划到完成，都是由她负责，她还肩负起了催稿的重任，书稿能够按时交付，她功不可没。

当然还要感谢图书产品经理小党，感谢他在图书选题，章节目录的编排以及后期校验和成书过程中付出的努力，这本书以现在的面貌呈现在大家面前，几乎都是她的功劳。有同事说她是比我加班还多的工作狂，确实是，我每次加班写稿都能见到她的身影。

特别感谢五位个人发展学会的老朋友，他们是职业精英研修班的学长学姐，在本书最后的收尾过程中，她们利用祖国70周年的国庆假期，认真阅读了全部的章节内容，提出了非常细致的修改建议，帮我完成了最后的修订。她们是马欣阳（审校第一、第二章）、廖圣琼（第二、第三章）、刘泽霖（第三、第四章）、赵美玲（第五、第六章）、曹萍（第六、第七、第八章），能够遇到这样优秀的伙伴，是我的荣幸。

还要感谢我的妻子江媛，在无数加班写书的夜里和假期中，她都选择默默支持我，用心给我做好吃的，我的内心充满感动。

感谢阅读此书的你，谢谢你们的陪伴。